Galileo

DAS BUCH DER EXPERIMENTE

riva

Impressum

Originalausgabe
. Auflage 2016

ein Imprint der Münchner Verlagsgruppe GmbH
Nymphenburger Straße 86, 80636 München
Tel.: +49 89 651285-0, Fax: +49 89 652096

Konzeption / Realisation:
TELLUS CORPORATE MEDIA GmbH
Hammerbrookstraße 93, 20097 Hamburg
Tel.: +49 40 280 868 0, Fax: +49 40 280 868 20
info@tellus-corporate-media.com
www.tellus-corporate-media.com

Geschäftsführung: Jan Gerds, Christian Siebert
Projektleitung: Kessy Suelzer
Redaktion: Sara Lisa Schäubli, Tina Janson
Artdirektion/Layout: Tom Möller, Anja Giese
Bildbearbeitung & Litho: Alphabeta GmbH,
www.alphabeta.de

Druck: Firmengruppe APPL, aprinta Druck, Wemding
Printed in Germany

ISBN Print 978-3-86883-853-4

Weitere Informationen zum Verlag finden Sie unter:
www.rivaverlag.de
Besuchen Sie auch unsere weiteren Verlage unter:
www.muenchner-verlagsgruppe.de

Für Fragen und Anregungen: info@rivaverlag.de

Liebe Leserinnen, liebe Leser!

Herzlich willkommen in der Welt der Explosionen und rauchenden Töpfe!
In unserem Buch – Galileo das große Buch der Experimente – haben wir keinen Aufwand gescheut, um die spektakulärsten, unglaublichsten und interessantesten Experimente für Sie zusammenzutragen.
Treten Sie ein in unser Experimente-Labor, aber Achtung, Schutzbrillen nicht vergessen! Denn beim Anblick dessen, was unsere Reporter für Sie versucht, entdeckt und geleistet haben, werden Ihnen die Augen aus den Höhlen treten.

Dieses Buch wird Sie in Staunen versetzen. Alltägliche Gegenstände sind nicht so langweilig, wie sie auf den ersten Blick scheinen. Menschen sind bereit, für ein Experiment bis an ihre Grenzen zu gehen. Und die Welt hält viele Experimente bereit, die ausprobiert werden wollen.

Im letzten Kapital können Sie noch tiefer in die Welt der Experimente eintreten, indem Sie selbst zum Wissenschaftler werden.

Wir freuen uns darüber, Sie an Bord zu haben!

INHALT

STÄHLERNE GEGNER

WUNDERSAME WELT

UNGEZÄHMTE NATUR

INHALT

KAPITEL 01

ALLTÄGLICH AUSSERGEWÖHNLICH

DIE EXPERIMENTE

- »» DIE GEFAHR LAUERT IN DER SCHÜSSEL
- »» VOLLE FÖHN-POWER
- »» KUGELWESTE FROTTEETUCH
- »» UNTER STROM GESETZT
- »» ÜBER DEN WOLKEN
- »» SCHNELL DURCH DIE GROSSSTADT
- »» DIE GROSSE KETCHUPFRAGE
- »» ICH WOLLTE DOCH NUR SCHLAFEN...
- »» AM SEIDENEN SEIL
- »» BELASTUNG IM ALLTAG
- »» MAL WIEDER STAU
- »» MIT 100 SACHEN BERGAB

ANALYSIS
SEARCH
SCANNING

DIE GEFAHR LAUERT IN DER SCHÜSSEL

Trügerisch harmlos: Wie gefährlich ist unser Badezimmer wirklich?

Kein Mythos: die explodierende Toilette. Bei Missbrauch von Haushaltschemikalien kann die Schüssel tatsächlich in die Luft fliegen.

Augen auf bei diesem Symbol. Der Hinweis auf der Dose eines Duftsprays warnt davor, dass die enthaltenen Treibmittel leicht brennbar sind.

Reporter Jan und Waffen- sowie Pyro-Experte Rainer Metz simulieren das Vertuschen einer Geruchsbildung.

Wenn der Nächste, der das Klo benutzt, per Zufall eine Zigarette raucht, dann braucht es nur einen Funken, um die Treibgase im Klo zu entzünden.

Rauchen verboten

Für viele ist die Toilette der Ort, wo man ungestört ist. Ganze 25 Minuten verbringen wir durchschnittlich pro Tag auf dem stillen Örtchen. Dass dieses Örtchen nicht immer so still ist, zeigen Reporter Jan und Waffen- sowie Pyro-Experte Rainer Metz. Eine Wolke an Duftspray nach getanem Geschäft und eine Zigarette reichen aus, um sich den Hintern gefährlich zu verkohlen. Grund dafür sind die hochentzündlichen Treibgase in den Sprays. Neben der Explosion, die man mit fälschlich vermischten Haushaltschemikalien herbeiführen kann, ist das aber nur ein Flämmchen. Die beiden müssen für das Experiment sogar die Lagerhalle verlassen. Nach dem Knall finden sie ein komplett zerstörtes Klo vor. Jetzt wissen wir: nicht nur Rauchen kann tödlich sein, sondern auch das Klo.

Niemand möchte in diesem Moment mit seinem Hintern auf diesem Klo sitzen. Da das Duftspray schwerer als Luft ist, hält es sich in der Toilettenschüssel. So sind schwere Verbrennungen schon bei der Zündung einer Zigarette möglich.

VOLLE FÖHN

Was tun, wenn Flaute ist auf dem Segelboot? Simpel: Das Boot einfach mit 1, 2, 3 … 40 Föhns antreiben.

Ingenieur und Tüftler Claus von Oertzen baut Jan eine Installation aus 40 Föhns.

Schnell stellt sich heraus, dass sich das Boot keinen Zentimeter bewegt, wenn die Föhns auf das Segel zielen. Die Lösung: ein Rückstoßantrieb aus Föhns.

-POWER

Lässt sich ein Segelboot mit einer Batterie an Föhns antreiben?

Föhnfrisur an Bord

Einen Föhn braucht Reporter Jan zwar nicht, aber er zweckentfremdet das Badezimmergerät gerne, um so verrückte Dinge anzustellen, wie damit ein Boot anzutreiben. Dafür sollen 40 Föhns mit einer Leistung von 6 Kilowatt herhalten. Die haben so viel Power wie ein Moped. Die Krux liegt im sogenannten geschlossenen System. Wenn eine Kraft vom Boot selbst auf das Segel wirkt, dann bewegt es sich nicht. Die Bewegung funktioniert nur, wenn die Kraft von außen wirkt, wie der Wind, der in die Segel bläst. Wenn Jan die Föhns aber umdreht, dann bilden sie einen sogenannten Rückstoßantrieb – so klappt das Badezimmer-Boot.

Es funktioniert! Keine Föhnfrisur, dafür ein zufriedener Föhn-Matrose.

KUGELWESTE FR

Es ist natürlich nur ein Experiment und keine wirkliche Jagd, denn die Handtücher hängen ganz still an der Leine und warten auf ihr Schicksal.

Egal ob 15 oder 30 Badetücher hintereinander an der Leine: Das Projektil durchdringt sie alle.

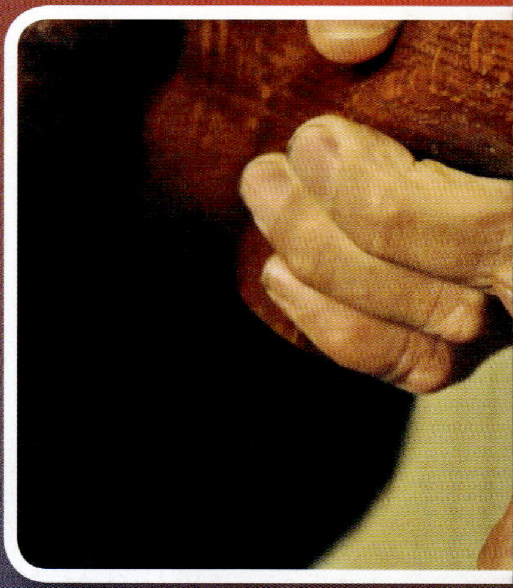

Die Zeitlupenaufnahme zeigt, dass sich die Kugel im Flug nur wenig bewegt, von den Handtüchern also kaum abgebremst wird.

OTTEETUCH

Hält ein weiches Frotteehandtuch eine Kugel auf? Der Test.

Das Handtuch dein Helfer?

Ein warmes, flauschiges Frotteetuch ist nichts, was man als erstes mit Gewehrkugeln assoziieren würde. Und doch kursiert das Gerücht, dass das unschuldige Badezimmeraccessoire durch seine Textur eine Kugel aufhalten kann. Zuerst probieren es Reporter Jan und Waffenexperte Rainer Metz mit 15 Handtücher. Der Mann am Gewehr zeigt keine Gnade und … schießt durch alle durch! Auf der Highspeedkamera zeigt sich, dass sich die Kugel nicht einmal bewegt. Sie durchdringt die Handtücher, wie wenn sie Papier wären. Wir verdoppeln die Menge an Handtüchern, doch mit gleichem Resultat. Selbst durch nasse Tücher fliegt die Kugel ohne Problem. Was lernen wir daraus? Handtücher dienen auf keinen Fall dazu, eine Kugelaufzuhalten!

Waffenexperte Rainer Metz führt dieses Experiment unter größtmöglichen Sicherheitsbedingungen durch! hat noch nie auf Handtücher geschossen. Für unser Experiment macht er eine Ausnahme.

UNTER STROM

Wie gut eignet sich de Mensch als Stromleiter Lässt sich am Ende eine Menschenkette noch Strom messen? Kann man durch Menschen auch Musik leiten?

Mittels eines Bandgenerators lassen sich bis zu 100.000 Volt erzeugen. Überträgt man diese auf einen Menschen, der zu seiner Sicherheit auf einem Plastikkübel steht, bleibt die Spannung für ihn ungefährlich. Aber seine Haare stehen zu Berge, weil sich die vielen Elektronen gegenseitig abstoßen.

Steht die Menschenkette zur Isolation gegen die Erdung auf Schaumstoffplatten, bleibt die Spannung erhalten. Die Gummisohle von Turnschuhen hingegen ist zur Isolation ungeeignet.

GESETZT

Während eine normale Steckdose 230 Volt hat, sind es am Weidezaun 4.600 Volt Spannung – dennoch für den Menschen ungefährlich. In der Hand unseres Testers messen wir nur etwa 1.000 Volt, der Rest fließt sofort über den Körper in den Boden ab, weil der Stromkreis geschlossen ist. Fassen sich mehrere Menschen an den Händen, wird die Spannung bei jedem immer schwächer, da sie in den Boden abgeleitet wird.

Ein Tesla-Generator erzeugt Wechselströme mit hoher Frequenz. Ein Trafo transformiert niedrige in hohe Spannung. Wie beim Gewitter entlädt sich diese hohe Spannung von etwa einer Million Volt an der Luft in Blitzen. Hält man eine Glühbirne in die Nähe des Generators, springen Funken über – es liegt so viel Spannung in der Luft, dass sie leuchtet.

Wenn es „Zack" macht

Eigentlich sind Menschen schon wegen des hohen Wassergehaltes im Körper gute Leiter. Wie gut, weiß man, wenn man einmal an einen Weidezaun gefasst hat. Strom lässt sich über mehrere Menschen hinweg übertragen. Das klappt sowohl mit dem Stromschlag des Weidenzauns als auch mit Musik, wenn man zwischen Verstärker und Lautsprecher über offene Kabel die Spannung weiterleitet. Auch nach 16 menschlichen Widerständen kann man die Musik noch gut hören. Wir stellten uns auch den spektakulären Fragen: Kann ein Mensch ohne Hilfsmittel Strom erzeugen? Und lässt sich durch Reibung ein Auto zur Explosion bringen? Neben Selbstversuchen am Weidezaun haben wir in der LMU München mit verschiedenen Generatoren experimentiert. Wir mussten feststellen: Der Mensch eignet sich zwar gut als Stromleiter, aber Reibung allein reicht nicht aus, um ein so hohes Spannungsfeld zu erzeugen, dass man dadurch Strom erzeugen und über einen Funken eine Explosion auslösen könnte. Bitte die Experimente nicht nachmachen, Sie könnten sich verletzen.

ÜBER DEN

Um in 30 Kilometer Höhe zu gelangen, wird ein Wetterballon des Deutschen Wetterdienstes genutzt. Die fliegen beinahe täglich so hoch hinaus, um die Ozonschicht zu prüfen.

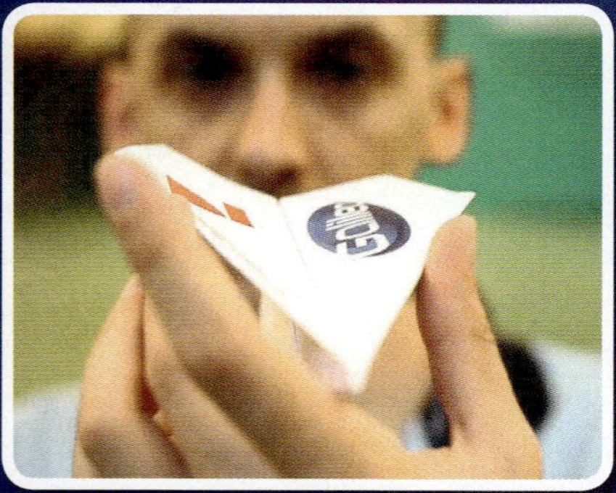

Dank der spitzen Form besteht dieses Modell den Windkanal-Test am besten. Testperson Waldemar bastelt ihn schon seit seiner Kindheit.

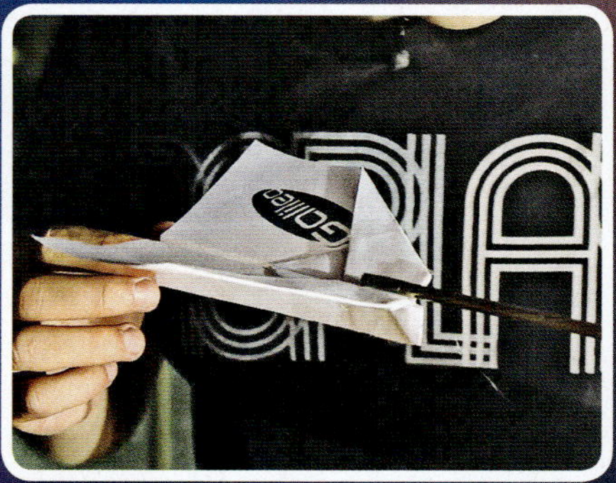

Der Papierflieger wird für den Test im Windkanal an einer Halterung befestigt. Wir sind gespannt: Welcher Flieger wird gewinnen?

Die Bundeswehr-Universität hat uns ihren Windkanal zur Verfügung gestellt. Hier kann man Windgeschwindigkeiten bis zur Orkanstärke simulieren.

WOLKEN

Kann ein Papierflieger aus dem luftleeren Raum, aus 30 Kilometer Höhe über dem Erdball, gestartet werden?

Das Gesamtgewicht des Versuchsaufbaus entscheidet über die Befüllung des Wasserstoffballons. Barbara vom Deutschen Wetterdienst misst ganz genau.

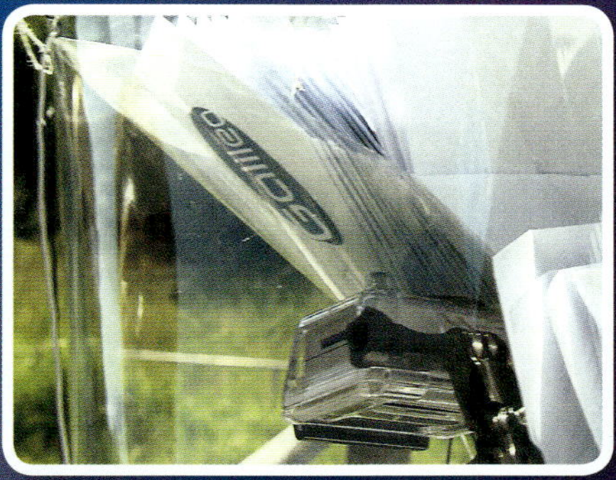

Sicherheitshalber kommen gleich mehrere Flieger in den Transportbehälter. Kleine Sprengladungen sollen in 30 KilometerHöhe den Deckel öffnen.

Der Start verläuft reibungslos. Die Papierflieger steigen in Richtung All. 45 Minuten dauert es, bis die Sonde wieder auf der Erde landet. Mit dem GPS-Sender kann der Fundort geortet und die Weltraumkamera geborgen werden.

Schwindelnde Höhe

Christoph Sahr, Deutscher Meister im Papierflieger-Weitwurf, und Waldemar Hoffmann, Deutscher Meister und Weltrang-Dritter im Papierflieger-Kunstflug, lassen einen Papierflieger aus der Stratosphäre in 30,5 Kilometer Höhe starten. Nachdem im Windkanal das beste Modell für den Test ausgesucht worden ist, werden die Flieger mit einem Wetterballon auf die gewünschte Höhe gebracht. Dort öffnet ein Sprengsatz den Deckel des Transportbehältnisses und die Flieger fallen heraus. Eine Kamera und ein GPS-Sender überwachen den Test. Diese zeigt später: Ohne Luftwiderstand rauschen die Papierflieger mit 300 km/h mehrere Hundert Meter senkrecht nach unten. Abgebremst durch die ersten Luftschichten, schweben sie viele Kilometer weiter langsam zu Boden.

SCHNELL DURCH DIE GROSSSTAD

Wie kommt man am schnellsten durch die Rush-Hour: mit dem Auto, dem Fahrrad, per Bus und Bahn oder zu Fuß beim Parcouring?

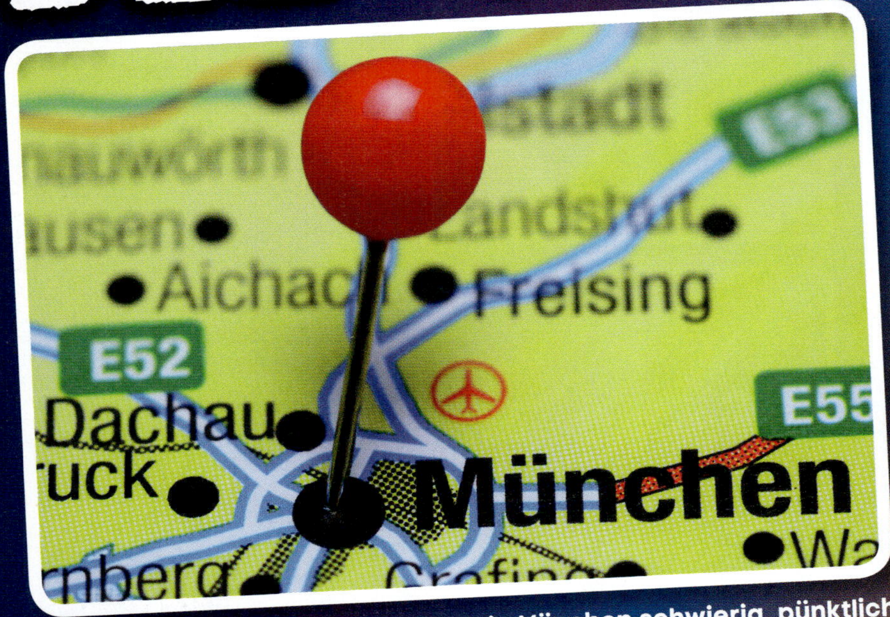

Wie in jeder Großstadt ist es auch in München schwierig, pünktlich zu einem Termin durch den Verkehr zu kommen. Die vier Anwärter starten am Münchner Ostbahnhof, Ziel ist der Chinesische Turm im Englischen Garten. Je nach Fortbewegungsmittel variiert die Länge der Strecke. Der Parcourer hatte mit 3,8 Kilometerdie kürzeste Route, die Radstrecke war etwas länger. Das Auto musste 4,18 Kilometer bewältigen. Die Busstrecke war die längste.

Parcouring

Beim Parcouring müssen die Läufer auf Zeit einen Hindernis-Parcours überwinden. Bei längeren Strecken überfordert das Tempo jedoch die Kondition der Testperson.

Fahrrad

Radfahren ist nicht ungefährlich. Auch unsere Testperson wird auf der Strecke Opfer eines von 700.000 Radfahrun fällen pro Jahr – zum Glück unverletzt. Doch am Ende ist er der Schnellste und kann sich auf sein Date freuen.

Als Anreiz wartete am Ziel beim Chinesischen Turm im Englischen Garten auf den Sieger des Wettrennens ein Date mit dem Playmate Jasmin.

Fertig, los!

Wir wollten endlich wissen, wer sich am schnellsten durch den Großstadt-Dschungel schlängelt. Dafür ließen wir Andreas Müller, Dritter bei der Parcouring-Weltmeisterschaft, gegen drei Kandidaten im Mustang, auf dem Fahrrad und mit den öffentlichen Verkehrsmitteln zu einem Wettrennen antreten. An die Verkehrsregeln mussten sich alle halten. Unser Fazit: Mit dem Rad läuft's am besten – dazu keine Umweltbelastung und keine Kosten, aber etwas für die Fitness getan. Das Auto fährt auf Platz 2. Der Parcourer brauchte doppelt so lang wie das Rad für Platz 3. Auf dem letzten Platz landen die öffentlichen Verkehrsmittel – mühsam und teuer.

Öffentliche Verkehrsmittel

Mit Abstand die langsamste Option: Durch das viele Umsteigen und die unzuverlässigen Anschlüsse verliert die Testperson viel Zeit.

Auto

Mit dem Auto steht die Testperson im Stau, darf nicht abbiegen und muss dann Umwege in Kauf nehmen. Am Ziel wartet dann noch die lästige Parkplatzsuche. Die Ökobilanz lässt auch zu wünschen übrig.

DIE GROSSE KE

Schwenken, Klopfen, Schütteln – wie bringt man Ketchup am schnellsten aus der Flasche?

Ketchup kommt aus Amerika, denkt man. Stimmt aber nicht. Bereits im 17. Jahrhundert mischten die Chinesen eine scharfe Würzsauce aus Fisch, Muscheln und Gemüse mit dem Namen „Ketsiap“. Das heutige Ketchup besteht vor allem aus Tomaten, Zucker, Essig, Gewürznelken und Zimt.

TCHUPFRAGE

Grund für den Sieg der Schwenkmethode ist die Zentrifugalkraft. Sie wirkt auf Flasche und Ketchup. Da die Flasche in der Hand festgehalten wird, entweicht das Ketchup durch die Öffnung.

Auf Ketchup-Mission

Jeder kennt das Problem: Die rote Sauce will nicht aus der Flasche. Natürlich gibt es inzwischen die praktischen Squeeze-Flaschen aus Plastik, aber für Liebhaber der originalen Glasflasche haben wir ein Experiment durchgeführt: ein vollständig mit Planen abgedeckter Raum, ein Tisch, drei Teller Pommes plus drei Kandidaten mit drei Flaschen Ketchup. Wer am schnellsten seine Flasche leert, hat gewonnen. Die Methoden: Felix will schütteln, Fabi wird klopfen, und Jan möchte die Flasche im Kreis schwenken. Klarer Sieger nach fünf Sekunden ist Jan. Mit der Schwenkmethode ist die Flasche sofort leer. Auch mit Schütteln kommt Felix nach 25 Sekunden ans Ziel. Fabis Klopfmethode ist ein Reinfall, er schummelt mit einem Messer. Allerdings punkten Schütteln und Klopfen bei der Treffgenauigkeit: Das Ketchup landet tatsächlich dort, wo es hin soll.

Durch das Schütteln der Flasche wirkt Bewegungsenergie. Die Flasche wird abgebremst, aber das träge Ketchup behält seine Bewegungsenergie und fließt raus.

Die Klopfmethode funktioniert nicht, weil das Klopfen auf den Flaschenboden das träge Ketchup nur weiter in die Flasche drängt.

ICH WOLLTE NUR SCHLA

Matratze vs. Wrestler

Zwei Wrestler verwandeln die Matratze nicht nur in eine Hüpfburg, sondern setzen sie auch ihrem ganzen Gewicht aus.

Matratze vs. Straßenwalze

Matratze vs. Rüttelplatte

Im Schnitt haben wir 4.800 Mal Sex in unserem Leben. Diese Rüttelplatte hat sich zu Demonstrationszwecke zur Verfügung gestellt.

Mit durchschnittlich 275.000 Tonnen Gewicht wird die Matratze in ihrem Leben belastet. Da ist diese 12,5-Tonnen-Walze nichts dagegen.

DO CH FEN ...

Einen großen Teil unseres Lebens verbringen wir im Bett. Hält das unsere Matratze überhaupt aus?

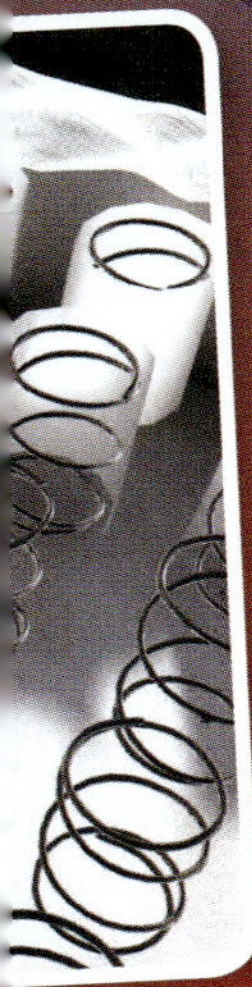

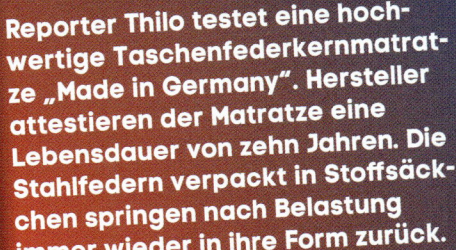

Reporter Thilo testet eine hochwertige Taschenfederkernmatratze „Made in Germany". Hersteller attestieren der Matratze eine Lebensdauer von zehn Jahren. Die Stahlfedern verpackt in Stoffsäckchen springen nach Belastung immer wieder in ihre Form zurück.

Härtetest Matratze

Der Durchschnittsdeutsche schläft 24 Jahre seines Lebens. Ganz schön lange. Es wird Zeit, die Schlafunterlage einmal genauer unter die Lupe zu nehmen. Als Erstes zeigen die zwei Wrestler „Crazy Sexy Mike" und „Ivan Kiev" welcher Belastung eine Matratze ausgesetzt ist, wenn sie die Kinder als Hüpfburg missbrauchen. Mit ihrem vollen Kampfgewicht von 200 Kilogramm geben sie dem Leichtgewicht aus Baumwolle und Polyester Saures. Ohne Erfolg. Als Nächstes simulieren wir 40 Jahre Eheleben in kürzester Zeit. Die Rüttelplatte schlägt 55 Mal pro Sekunde auf die Matratze. Doch Reporter Thilo liegt so bequem wie eh und je. Weil das viele Deutsche nicht tun, simulieren wir mit einer Straßenwalze das unruhige Schlafen. Schlafwälzer extrem: 12,5 Tonnen walzen die Matratze unter sich platt. Doch die Matratze lässt sich nicht aus der Ruhe bringen. Erst zwei Kanonen aus dem 19. Jahrhundert bringen die Matratze an ihr Limit und verpassen ihr große Löcher. Zum Glück hat nicht jeder eine Kanone im Schlafzimmer stehen. Die Matratze erhält die Auszeichnung „sehr gut" von uns.

Matratze vs. Kanone

Die 500-Gramm-Kugel trifft mit 900 km/h auf die Matratze. Das Ergebnis ist verheerend für die Stahlfedern.

AM SEIDENEN SEIL

Was hält das vermeintlich stärkste Seil der Welt eigentlich aus?

Am Knoten ist ein Seil bis zu 50 Prozent schwächer, da die Fasern unregelmäßig belastet werden.

Ein Galileo-Klassiker: Der Auto-Test. Das womöglich stärkste Seil der Welt hält problemlos ein Auto von einer Tonne. Das hat seinen Preis: Zehn Meter von dem Superseil kosten bis zu 1.200 Euro.

Reporter Matthias ist Fan vom Hightech-Seil. Schrottplatzbesitzer Ingolf Prossmann ist wild entschlossen, es zu zerstören.

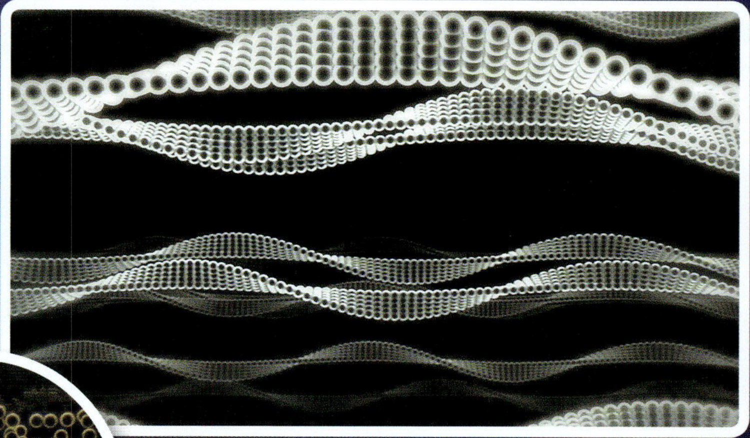

Im Inneren des Seils erkennt man die ausgerichteten Molekülketten entlang der Faser. Bei Krafteinwirkung können sich die Moleküle gut gegenseitig stabilisieren. So erhalten sie ihre Festigkeit.

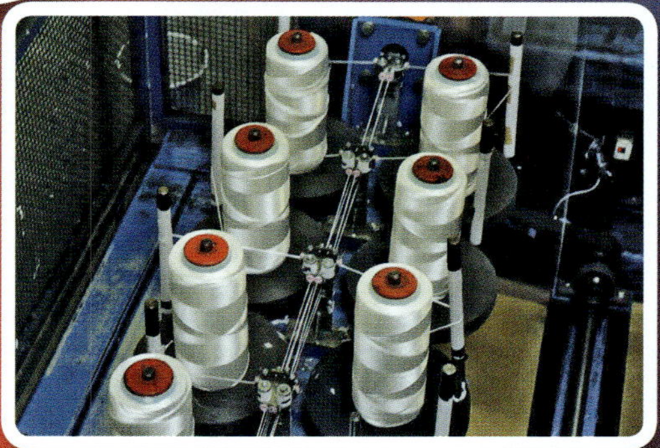

Die einzelnen Fasern sind dünner als ein Haar, aber halten 40 Mal so viel Last wie herkömmliche Kunststofffasern.

Eine Maschine verdreht die Dyneema-Fasern zu Faserbündeln. Diese werden dann abermals miteinander verdreht und verklebt.

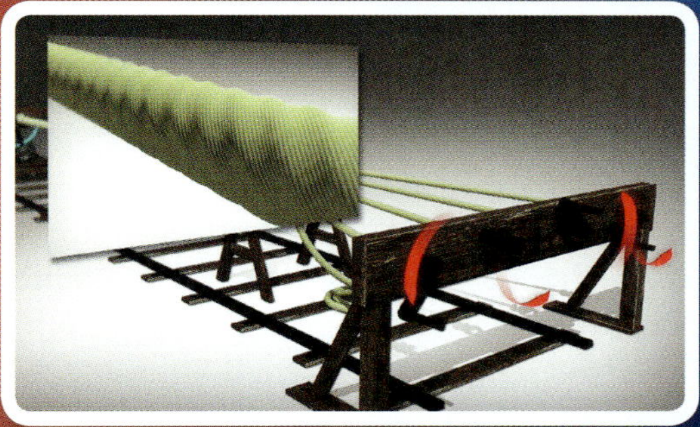

Seilstark

Unser Test-Seil, verspricht der Hersteller, ist das stärkste Seil der Welt. Dabei hat es nur einen Durchmesser von 24 Millimeter. Es kann angeblich tonnenschwere Lasten halten. Dafür sorgt die Faser Dyneema. Sie wird auf Basis des Kunststoffs Polyethyl gefertigt, das steckt auch in Plastiktüten. Doch erst durch spezielles Verspinnen und Verstrecken entsteht Dyneema. Erst hängen wir ein Auto an das Seil. Für die Dyneema-Fasern sind 1 Tonne kein Problem. Auch bei 4 Tonnen schweren Elektromotoren zuckt das Seil mit keiner Faser. Wir ziehen das Auto sogar an einem hohen Kran 7 Meter hoch und lassen es wie bei einem Bungee-Sprung fallen. So entsteht eine Zugkraft vom 15-fachen des Gewichts. Das zweieinhalb Zentimeter Dicke Seil hält 15 Tonnen! Einzig Feuer kann das Seil nicht ab. Deshalb wird diese Art von Seil nicht in der Schifffahrt verwendet. Die Brandgefahr auf Schiffen, die Öl transportieren, ist zu groß.

Was heute maschinell geschieht, hat man früher von Hand auf sogenannte Reeperbahnen gespannt.

Ingolf will sich nicht geschlagen geben und besiegt das Seil mit Feuer.

BELASTUNG IM Haare

Wie stark sind Haare eigentlich? Und was kann Papier alles schneiden?

Eine Tafel Schokolade von 100 Gramm ist für ein asiatisches Haar keine Sache. Ohne Problem hängt die Tafel am Haar. Nach Adam Riese müssten 10 Haare demnach ein Kilogramm tragen. Wir testen es mit einem Liter Wasser. Die Milchmädchenrechnung geht auf!

Der Grund für die Belastbarkeit von Haaren ist das Kreatin. Es macht die Haare elastisch und gibt ihnen Spannkraft. Auch in der Schwergewichts-Klasse punktet unser Schopf. 100.000 Haare tragen tatsächlich ein Auto.

ALLTAG

Papier

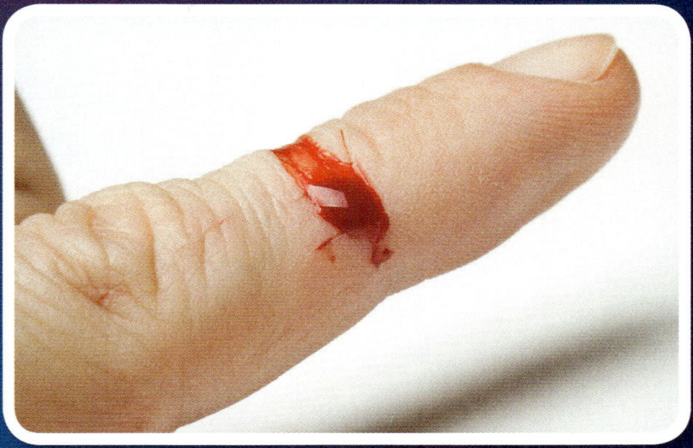

Genau so dünn wie ein Haar ist ein Blatt Papier. Beim Hantieren damit kann es schnell passieren, dass man sich schneidet. Und wir wissen es alle: Die feinen Papierschnitte sind die fiesesten.

Aus steifem Papier schneiden wir fünfzehn Millimeter dicke Streifen, setzen sie in eine Maschine ein und benutzen es als Skalpell. Die Tomate ist für das Papiermesser zu elastisch. Außer einer Spur ist nichts sichtbar. Bei der Banane klappt es. Mit ihrer harten Schale und weichem Inneren erfüllt sie die perfekten Voraussetzungen.

Stark wie Haar & Papier

100.000 davon haben wir auf unserem Kopf. Wir frisieren, waschen und bürsten sie. Alles, damit sie gesund und stark bleiben. Doch wie stark genau so ein Haar ist, wollten wir genau herausfinden. Grundsätzlich gilt schwarzes Haar als belastbarer als blondes. Wir nehmen für das Experiment asiatisches Haar. Es ist am dicksten, gesund und meist unbehandelt. Wir haben 100.000 Haare in eine Spezialkonstruktion eingespannt, damit die Belastung gleichmäßig verteilt ist. Wahnsinn: Die Haare halten einen Kleinwagen von 1,4 Tonnen! Wer probiert, sich die Haare mit Papier zu schneiden, scheitert wahrscheinlich. Doch die Schneidekraft von Papier ist nicht zu unterschätzen:. Es durchdringt sogar eine Wurst, diese kommt unserem Finger am nächsten. und zeigt uns erneut: Vorsicht, Papier kann weh tun.

MAL WIEDER

Kilometerlange Staus bilden sich auf den Autobahnen meist zu Ferienbeginn oder im Berufsverkehr. Stauforscher Professor Michael Schreckenberg erklärt uns, dass nur ein einziger unaufmerksamer Autofahrer ausreicht, um aus dem Nichts einen Stau zu machen. Der Stau funktioniert bildet sich in einer Kettenreaktion.

Start unseres Experiments ist die Universität in Bochum. Die Route führt über Essen zur Therme Bochum.

Michael Schreckenberg folgt dem Navigationsgerät und möchte den Stau umfahren. Nicht immer warnt es ihn rechtzeitig, oder die Umleitung dauert noch länger. Er kommt als Letzter an.

STAU

Welche Methode ist die effektivste, um bei einem Stau schnell voranzukommen: Spurenwechsel, Links- oder Rechtsfahren oder mit dem Navi umfahren?

Ein Helikopter überwacht das ganze Experiment aus der Luft und beobachtet das Fortkommen der vier Test-Fahrer im Stau.

Stau-Strategien

Jeder Deutsche steht statistisch gesehen 60 Stunden pro Jahr im Stau. Eine Qual für jeden, der darin feststeckt. Wir wollen wissen, mit welcher Strategie man dem Stau am effektivsten entgehen kann und lassen vier Autos mit vier verschiedenen Methoden starten. Jedes Auto wird entsprechend gekennzeichnet: L für Linksfahrer, W für Spurwechsler, N für Navi-Stau-Umfahrer und R für Rechtsfahrer. Wir schicken unsere Testfahrer auf die A 40, eine der meist befahrenen Autobahnen Deutschlands. Am Freitagnachmittag um 15 Uhr ist hier alles dicht. Wer kommt trotz Stau als erstes an? Die Spurwechslerin ist Siegerin nach 48 Minuten Fahrt. Überraschend ist der Rechtsfahrer mit nur 55 Minuten auf dem zweiten Platz. Der Linksfahrer braucht schon über eine Stunde, und der Navifahrer ist sogar Letzter. Unsere Empfehlung: Ganz entspannt auf der rechten Spur bleiben und abwarten.

MIT 100 SACHEN

Stunt-Profi Matthias Schendel hat für den Versuch eine spezielle Bremskonstruktion gebaut, da die normalen Bremsen im Schnee natürlich nicht funktionieren.

Für unseren Versuch können wir natürlich keinen gewöhnlichen Ski nehmen, die wären zu schmal und würden unter dem Gewicht brechen. Unser Testauto bekommt maßangefertigte Kufen aus Stahl.

Für die Testfahrt auf ebener Fläche brauchen wir den Pistenbulli, damit er dem Auto den nötigen Schwung gibt. Doch schon nach ein paar Metern ist Schluss. Das Auto drückt die Ski zu sehr in den Schnee.

BERGAB

Lässt es sich wirklich mit einem Auto auf Kufen Ski fahren?

Auto auf Kufen

Galileo-Zuschauer Max wollte wissen, ob man mit einem Auto auch Ski fahren kann. Stunt-Profi Matthias Schendel hat sich bereit erklärt, den Versuch für uns durchzuführen. Wir treffen beide am Kaunartaler Gletscher. Matthias hat ein Auto und spezielle Stahl-Kufen vorbereitet. Einfache Ski wären zu schmal und würden unter der Last brechen. Zunächst wird in der Ebene getestet. Der Pistenbulli gibt Anschwung – aber nach ein paar Metern drückt das Gewicht des Autos die Ski in den Schnee – sie verkanten. Am Hang, so hoffen wir, wird das Tempo dafür sorgen, dass die Kufen über den Schnee gleiten und nicht steckenbleiben. Und richtig: Matthias saust mit dem Auto stuntreif in einem Höllentempo den Hang hinunter. Experiment gelungen!

Für unseren Versuch am Hang schiebt der Pistenbulli zur Sicherheit am Ende des Hangs einen Schneewall auf – falls die Bremskonstruktion versagt.

Nach dem gescheiterten Versuch im Flachen will Matthias es am Hang versuchen. Unsere Versuchspiste ist 200 Meter lang und hat eine Neigung von 25 Grad. Mit einer Wahnsinnsgeschwindigkeit brettert das Auto den Hang herunter. Matthias kann sogar lenken. In der Schräglage bekommt das Auto so viel Tempo, dass die Ski über den Schnee gleiten und nicht steckenbleiben.

KAPITEL 02

HAUTNAH DRAN

DIE EXPERIMENTE

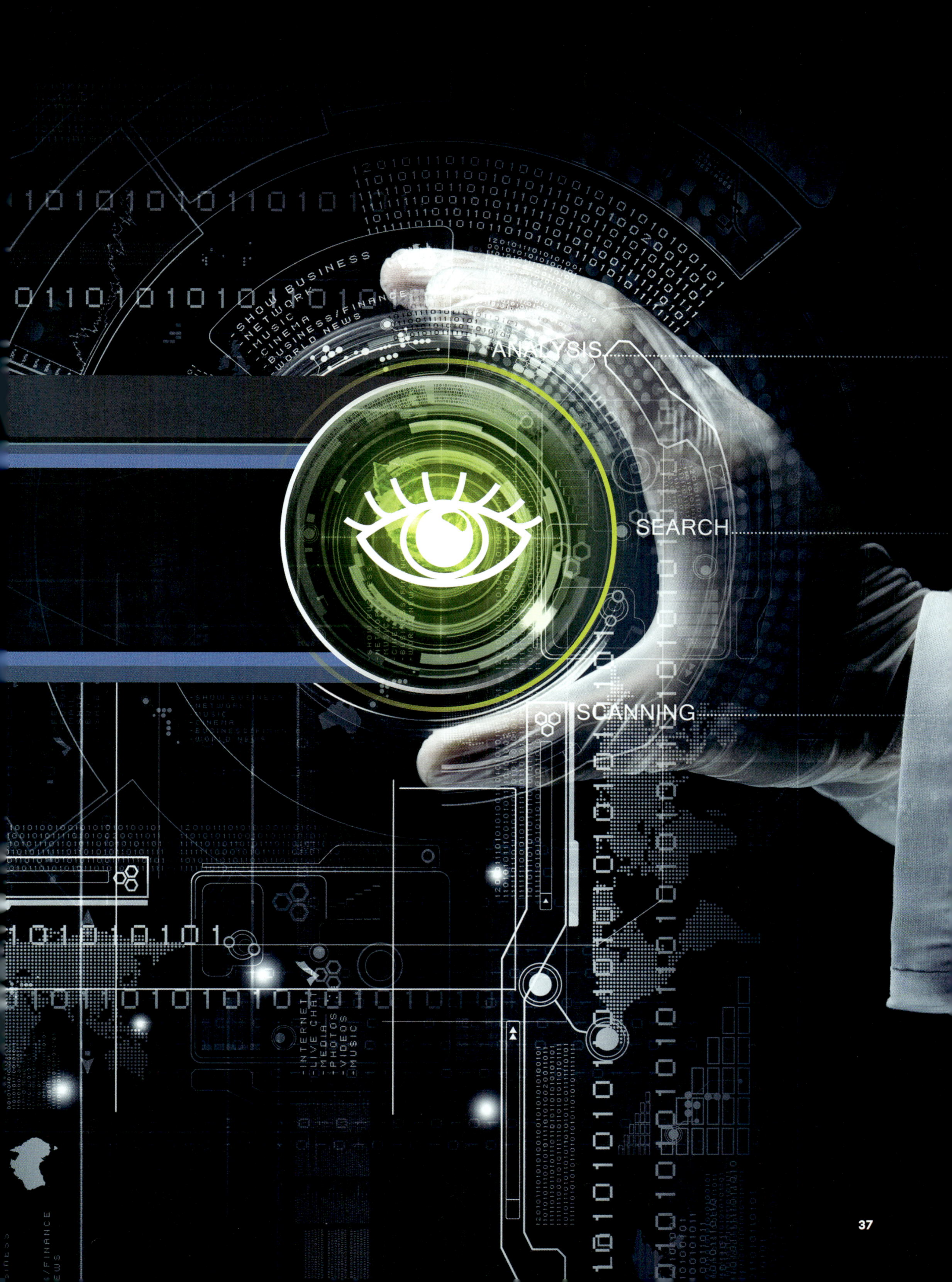
SHOW BUSINESS
NETWORK
MUSIC
CINEMA
BUSINESS/FINANCE
WORLD NEWS
ANALYSIS
SEARCH
SCANNING
INTERNET
LIVE CHAT
MEDIA
PHOTOS
VIDEOS
MUSIC

VOLL AUF DEN AFFEN GEKOMMEN

Mensch oder Affe: Erkennen Zoobesucher unseren Reporter im Affenkäfig?

Das King-Kong-Bild trügt: Gorillas sind friedliche Tiere, die nur aggressiv werden, wenn ihre Gruppe bedroht wird.

Rechts: Mithilfe hochkomplexer Mechanik und Fernsteuerung soll Reporter Harro zum ultrarealistischen Gorilla werden. Unten: Der Gorilla-Kopf muss sitzen und Harro dafür 20 Minuten unter der Maske ausharren.

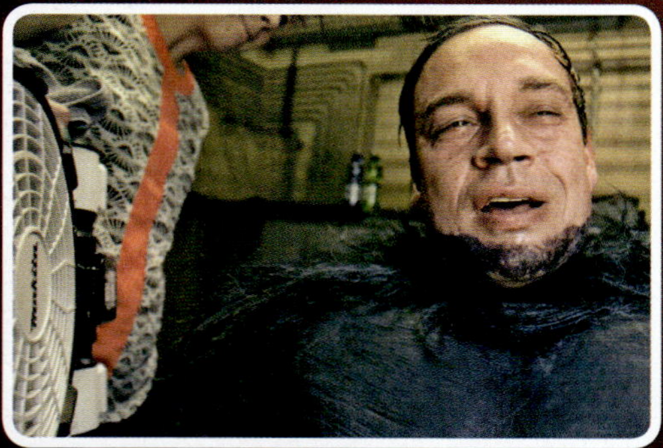

Affe sein ist ein hartes Stück Arbeit. Das Kostüm wird darunter mit Eiswasser gekühlt.

Die Zoobesucher trauen ihren Augen kaum: Der Affe spielt Ball und fährt sogar Fahrrad.

Was soll das denn?! Harro lässt es sich nicht nehmen, die Zoobesucher zu irritieren.

Harro macht sich zum Gorilla

Gerade Kinder fühlen sich im Zoo von Affen magisch angezogen. Stundenlang können sie den Tieren zuschauen. Reporter Harro will wissen, ob er sich in einen Gorilla verwandeln und die Zoobesucher hinters Licht führen kann. Eine Monsteraufgabe, die er sich da gestellt hat. Denn nur schon die Körperdimensionen sind anders als beim Menschen: kürzere Beine, tiefer liegender Po und längere Arme als Beine. Außerdem bewegen sich Gorillas natürlich auch ganz anders. Die Tiere leben im Moment und lassen sich schnell von neuen Dingen ablenken – das zeigt sich in ihren Bewegungen. Fehlt das passende Äußere. Maskenbildner legen sich ins Zeug, um das ultrarealistische Gorilla-Kostüm zu fertigen. Es wiegt 22 Kilogramm, davon 6 Kilo Fell geknüpft aus echtem Yakhaar. Allein der Affenkopf hat einen Wert von 7.000 Euro. Wie ein Gorilla auszusehen, ist die eine Sache, wie ein Gorilla zu denken, die andere. Harro fährt sogar nach Uganda, um die beeindruckenden Riesen in freier Wildbahn zu studieren. Die Anstrengungen haben sich gelohnt: Harro wird zum Gorilla!

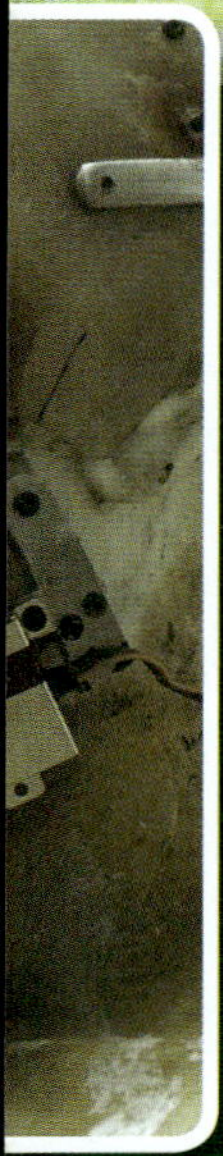

Schauspielcoach Peter Elliott zeigt Harro, wie sich ein Affe bewegt: Hüfte wie ein Cowboy im Sattel, Rücken wie ein Tisch, Arme und Beine gleichzeitig bewegen.

Die Illusion war perfekt. Harro zeigt den Zoobesuchern sein wahres Gesicht. Affe sein ist so anstrengend! Maximal 20 Minuten darf Harro das Kostüm tragen, danach ist die Gefahr zu groß, darunter zu kollabieren.

HASTA LA VISTA

Ist das Arnold Schwarzenegger?! Reporter Harro ist ganz in seiner Rolle aufgegangen.

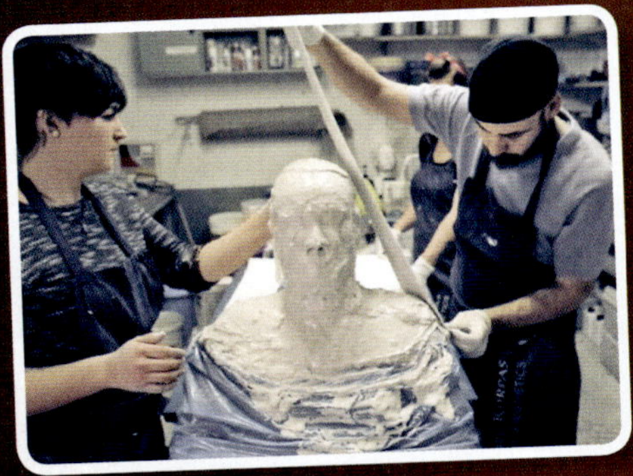

Der Beginn einer 15.000 Euro teuren Maske. Das Grundmaterial Alginat benutzen auch Zahnärzte.

Die Maske ist in sechs verschiedene Stücke unterteilt. Das ist wichtig, damit die Mimik erhalten bleibt.

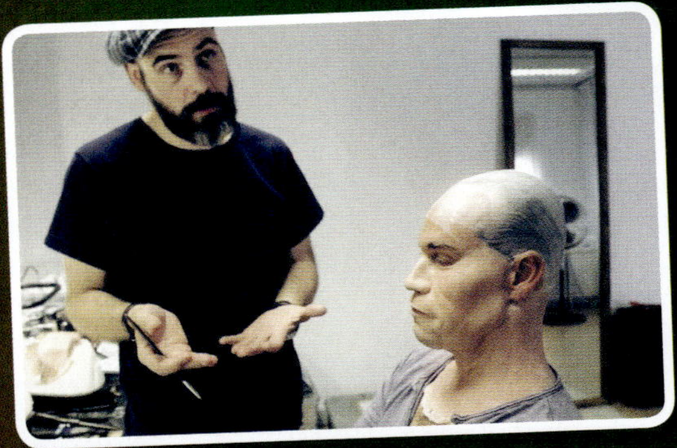

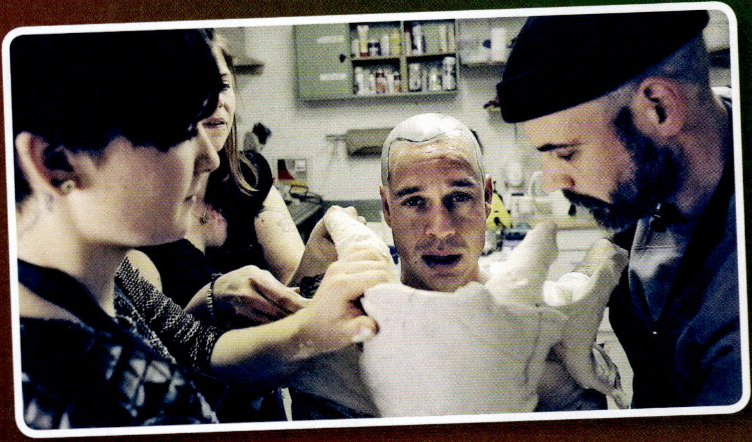

Maskenbilder Georg Korpas findet, dass es mit Harros Gesichtszügen einfacher wäre, aus ihm eine Angelina Jolie zu machen als einen Arnold Schwarzenegger.

ARNIE

Reporter Harro will das scheinbar Unmögliche schaffen: Kann er sich in wenigen Wochen in ein Arnold-Schwarzenegger-Double verwandeln?

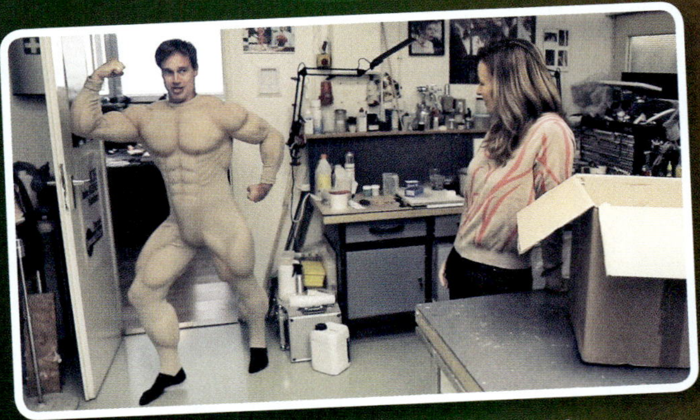

Innen Harro, außen Arnie: Das sogenannte „Muscle Suit" bringt den Körper in Form.

Die richtige Stimme macht 70 bis 80 Prozent des Arbeitsaufwandes aus. Profi-Stimmenimitator Gösta Barthelmes zeigt, wie es geht.

Ich bin Doppelgänger

Um aus Reporter Harro Füllgrabe Arnold Schwarzenegger zu machen, braucht es viel Hilfe. Maskenbildner Georg Korpas fertigt die täuschend echte Arnie-Maske an, Switch reloaded-Star Max Giermann bringt ihm alles über das Doppelgängerleben bei, und Profi-Stimmenimitator Gösta Barthelmes arbeitet mit Harro am passenden Ösi-Ami-Slang. Es ist ein bewegtes Leben, in das sich Harro hineinversetzen muss. Arnold Schwarzenegger begann mit Bodybuilding und Titeln wie Mister Universum und Mister Olympia seine Karriere. Die Terminator-Filme machten ihn Anfang der 90er-Jahre zum Weltstar. Im Jahr 2003 wurde er Gouverneur von Kalifornien, um knapp zehn Jahre später ins Filmgeschäft zurückzukehren. Harro und Arnold könnten verschiedener nicht sein. Doch die Mühe hat sich gelohnt. Arnie alias Harro überzeugt beim Promi-Interview Sat1-Moderator Matthias Killing davon, dass er der Hollywood-Star ist. Bis zum Schluss glaubt Killing, dass er DEN Arnold Schwarzenegger vor sich stehen hat.

Der Coup gelingt! Arnie alias Harro führt den Sat1-Moderator Matthias Killing hinters Licht. Selbst als Harro-Arnie auf den Reporter Harro zu sprechen kommt, ahnt der Moderator noch nichts.

GIBT ES AIMAN

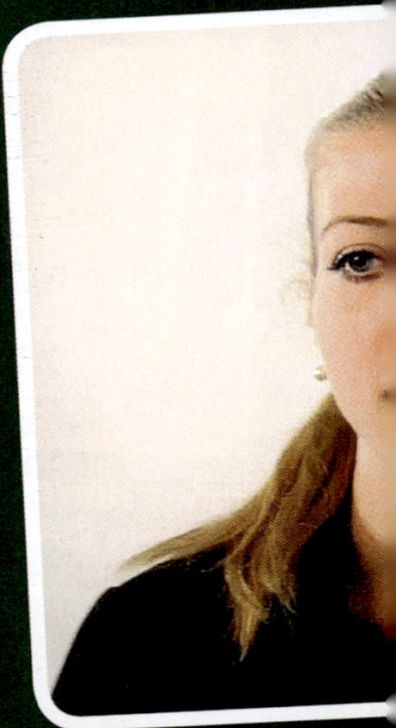

Für den bestmöglichen Abgleich zwischen den Gesichtern vermisst ein 3D-Streifenlichtscanner Aimans Gesicht mit einem Doppelblitz ab und konstruiert aus 20 Bildern pro Sekunde ein 3D-Modell.

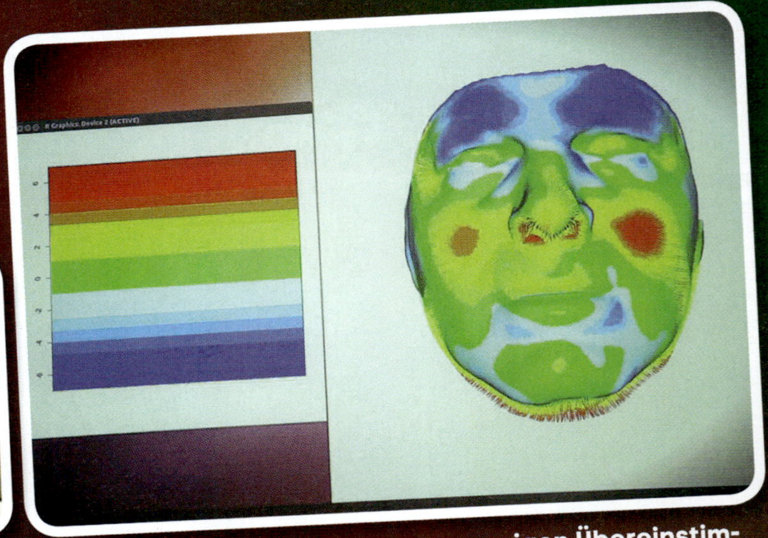

Die grünen Bereiche auf dem Scan zeigen Übereinstimmungen. Alles was rot, gelb und blau aussieht, symbolisiert Abweichungen von Aimans Gesichtszügen. Aiman selbst sieht George Clooney als seinen Doppelgänger.

ZWEI MAL?

Schaffen wir es, den Doppelgänger von Moderator Aiman zu finden?

Helena und Anna sehen aus wie Schwestern, sind jedoch nicht miteinander verwandt.

Bei den beiden Aiman-Doppelgängern Kevin und Adnan beträgt die Abweichung von Aimans Gesicht nur 0,04 Millimeter.

Verblüffend ähnlich

Dieser Mythos interessiert wohl alle: Hat jeder Mensch auf diesem Planeten jemanden, der ihm oder ihr verblüffend ähnlich sieht, einen Doppelgänger?! Danach jagt der Kanadier François Brunelle. Er ist der berühmteste Doppelgänger-Fotograf der Welt. Schon über 200 Paare hatte er vor der Linse. Um die Doppelgänger-Paare vor seinen Auslöser zu bekommen, arbeitet er mit Aufrufen. Wir versuchen das Gleiche, um einen Doppelgänger für unseren Moderator Aiman zu finden. Doppelgänger sind keine Zwillinge und haben auch nicht die gleichen Gene. Durch Zufall können aber aus völlig verschiedenen Genen sehr ähnliche Gesichtszüge entstehen. Schlussendlich finden wir in Kevin und Adnan zwei Aiman-Doppelgänger, die in den Resultaten sehr nah beieinander liegen. Nach einem Umstyling und mit Moderationskarten kommen die Ähnlichkeiten der drei noch mehr zum Vorschein. Jedoch auch die Unterschiede. Und es zeigt sich: Kevin und Adnan sind die wahren Doppelgänger. Sie dürfen sich vor der Linse von François Brunelle in die Serie Doppelgänger-Fotos einreihen.

EGGSPERIMENT

Kann ein Mensch ein Ei ausbrüten? Wir wollen es wissen.

Die Profis

Beim Huhn dauert der Brützyklus 21 Tage. Dann müssen die Küken schlüpfen.

Die Brutpflege

In der heißen Phase verändert die Henne ihr Brutverhalten. Unter ihrem Bauch steigt die Luftfeuchtigkeit aber auf 80 Prozent, die Temperatur sinkt auf konstante 37,5 Grad.

Gaa-aack!

Bis zum 10. Tag nimmt der Embryo vogelähnliche Züge an. Füße, Flügel und Schnabel sind zu erkennen. Tag 14: Am stumpfen Ende bildet sich eine Luftblase, die der Embryo kurz vor dem Schlupf zum Atmen braucht. Die Organe sind voll entwickelt. Bis Tag 16 ist das Küken fast ausgewachsen. Jetzt wichtig: Der Schnabel härtet aus, nur so kann sich das Küken später durch die Eihaut und Schale kämpfen.

Die Brüter

Im 6-Stunden-Rhythmus wechseln sich die vier freiwilligen Brüter ab.

Schlüpftag

Was für Hennen die natürlichste Sache der Welt ist, wird für uns zu einer nervenaufreibenden Zeit. Im Schichtsystem wollen wir insgesamt 20 Eier ausbrüten. Die Anfangsphase verläuft optimal. Die Brüter wärmen die Eier mit ihrem Körper und einer Heizdecke. Außerdem sorgt Wasserspray für die richtige Feuchtigkeit. Ab Tag 18 beginnt die heiße Phase. Ab da heißt es: konstante 80 Prozent Luftfeuchtigkeit und 37,5 Grad Celsius. Der Versuch einer verbesserten Konstruktion, die die richtige Tem peratur und Luftfeuchtigkeit ermöglicht, scheitert trotz unermüdlichen Bemühungen. Die Belüftung der Brutbox, damit Temperatur und Luftfeuchtigkei konstant bleiben, funktioniert nicht. Doch die Küker kämpfen sich trotzdem ins Freie und wir sind voller Mutterstolz!

Die Brutstation

Um ein Ei auszubrüten, braucht es vor der heißen Phase 37,8 Grad und 60 Prozent Luftfeuchtigkeit.

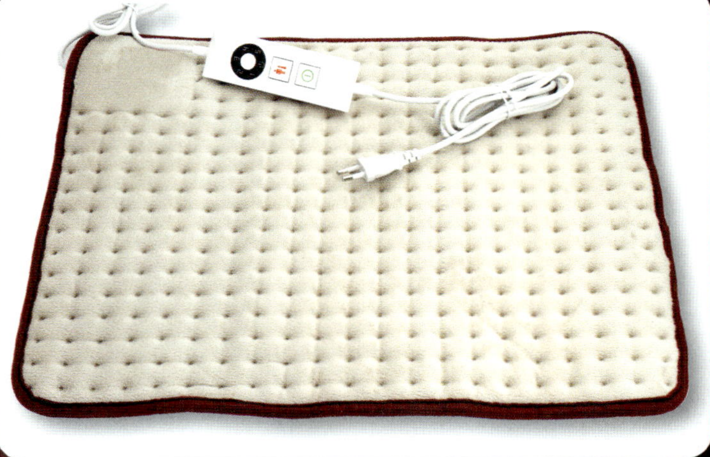

Unsere Brüter nutzen ihre Körpertemperatur und eine Heizdecke, um die richtige Temperatur zu erreichen. Damit die Luftfeuchtigkeit stimmt, befeuchten die Brüter die Eier regelmäßig mit Sprühflaschen.

DER GLÄSERNE

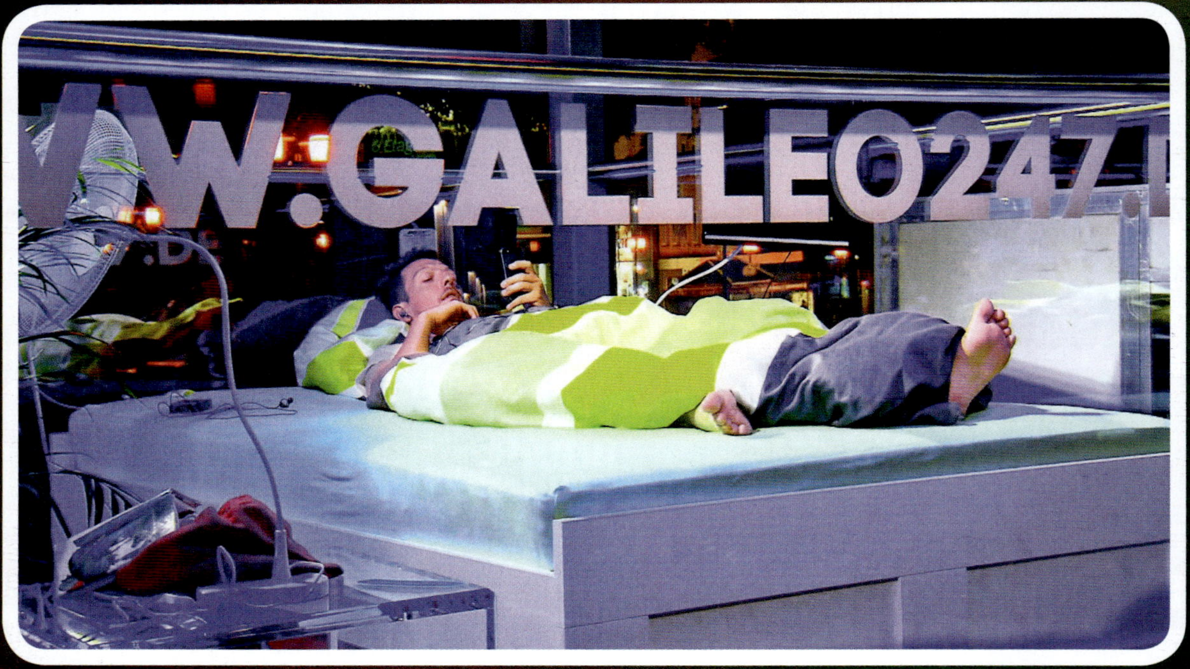

Privatsphäre? Fehlanzeige! Passanten können Reporter Thilo sogar beim Schlafen zuschauen. Einzige Zeit alleine: Fünf Minuten Dusch- und Toilettengang.

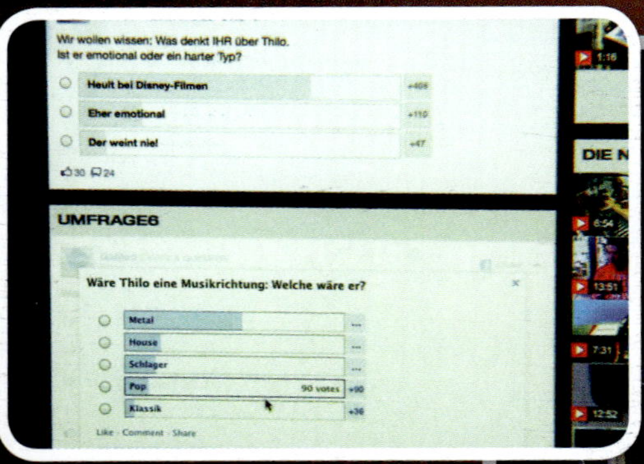

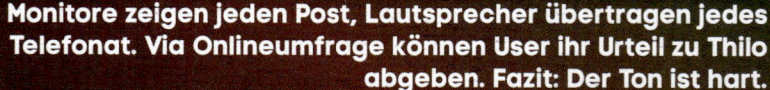

Monitore zeigen jeden Post, Lautsprecher übertragen jedes Telefonat. Via Onlineumfrage können User ihr Urteil zu Thilo abgeben. Fazit: Der Ton ist hart.

MENSCH

Reporter Thilo zieht fünf Tage in eine Glasbox. Hält er das aus?

Um alles sehen zu können, bleibt das Licht in der Nacht an. Thilo hat Mühe einzuschlafen. Erst um zwei Uhr morgens fallen dem Reporter die Augen zu.

„We are watching you": Fünf Tage ohne Intimsphäre. Leben, Essen und Schlafen vor den Augen Tausender.

You'll never sleep alone

Reporter Thilo ist es als Journalist gewohnt, im öffentlichen Interesse zu stehen. Doch fünf Tage in einem Glascontainer, jederzeit unter Beobachtung, keine Privatsphäre – dem musste er noch nie Standhalten. Wie reagiert ein Mensch auf solch einen gläsernen Lebensstil? Zu Beginn des Experiments ist Thilo aufgestellt und kommuniziert ständig über alle verfügbaren Kanäle. Um seine Leistungsfähigkeit unter Beobachtung zu testen, lassen wir ihn vor über 1.000 Live-Stream-Zuschauern ein Regal aufbauen. Der Sozialpsychologe Robert Zanjoc hat 1965 herausgefunden, dass Kakerlaken schneller laufen, wenn ihnen ihre Artgenossen dabei zusehen. Während ein durchschnittlich begabter Hobby-Heimwerker 30 Minuten dafür bräuchte, schafft es Thilo in nur 23 Minuten! Er bestätigte also Zanjocs Resultate. In einem zweiten Schritt stellte der Forscher eine erschwerte Aufgabe, dabei nahm die Leistungsfähigkeit unter Beobachtung drastisch ab. Auch Thilo müht sich bei den Quizfragen sichtlich mehr ab als beim Regalbau. Schon am zweiten Tag beginnt Thilo abzubauen. Das permanente Unter-Beobachtung-Stehen zerrt an seinen Nerven. An Tag vier kommt er kaum noch aus dem Bett. Zu Ende des Experiments flüchtet er sogar vor Gesprächen. Ein Leben als gläserner Reporter? Unvorstellbar.

WE ARE WATCHING YOU

ZURÜCK IN DIE

Jeder hat eine Aufgabe: Linda macht aus Brennesseln Seile, Alica und Marco bearbeiten Speerspitzen aus Feuerstein und Theresa ist Expertin für steinzeitliche Fellgerbung.

Ein abgebrochener Haselzweig dient aufgekaut wunderbar als Zahnbürste.

Mit diesem kleinen Messer aus Feuerstein wird das Rehkitz gehäutet und zubereitet. Der Steinzeitmensch war vor allem Fleischfresser. Kohlenhydrate-Quelle war zum Beispiel die Wurzel des Rohrkolbens.

STEINZEIT

Kann eine Gruppe Experimentalarchäologen so leben wie in der Vergangenheit?

Keine Städte, keinen Ackerbau und keine Viehzucht. Um 5.500 vor Christus waren die Menschen auf die Jagd angewiesen.

Ein Feuerzeug gab es damals noch nicht. Mithilfe eines Feuerbogens wird durch Reibung Glut erzeugt, die dann mit Gras, Birkenrinde und einem Baumpilz zum Brennen gebracht wird.

Unter Jägern und Sammlern

Morgens halb neun in Deutschland. In diesem speziellen Steinzeitdorf wird um diese Zeit nicht in ein Waffelgebäck gebissen. Denn sechs Wochen lang haben sich renommierte Geschichts-Experten hier eingenistet. Die Experimentalarchäologen wollen herausfinden, wie es ist, in der Steinzeit zu leben. Kein Strom, kein fließend Wasser, kein Supermarkt – eine Reise 7.000 Jahre in die Vergangenheit. Für Reporter Matthias ein prägendes Erlebnis. Das Leben war extrem hart. Die meiste Zeit waren die Menschen damit beschäftigt, durch die Gegend zu streifen, zu jagen und zu sammeln, um wieder Energie zu tanken. Dann wurde kurz geschlafen, nur um das Ganze wieder von vorne anzufangen. In den Hütten aus Birkenholz und Schilfrohr lebten um die sechs Personen zusammen. So konnten sie sich in der Nacht wärmen, obwohl man annehmen kann, dass die Menschen damals an ganz andere Temperaturen gewöhnt waren als wir heute. Trotzdem: Nach 48 Stunden sehnt sich Matthias nach einer Badewanne.

UND NUN ALLES

Gleichzeitig Auto fahren, Musik hören, rechnen und Stadtplan lesen: eine unbewältigbare Aufgabe?

Mit beiden Händen auf einen Tisch klopfen, klingt erst mal einfach. Aber mit der Rechten doppelt so schnell wie mit der Linken. Na, klappt das?!

ZUSAMMEN!

Sind Frauen tatsächlich stärker im Multitasking als Männer? Wir machen den Test.

Der Multitasking-Test zeigt, dass die Testpersonen sich mit leiser Musik besser konzentrieren können als mit lauter.

Lernbar aber sinnv

Das Wort Multitasking verdank dem Computer. Wenn der PC meh Aufgaben (engl. task) ausführen so wechselt er ganz schnell zwischen de schiedenen Tasks hin und her. Das sieht s als mache er sie gleichzeitig, deswegen Multitas Beim Menschen zeigt sich, dass Dinge, die man titasking erledigt, meist länger dauern. Wer also Aufgabe schnell erledigen will, sollte alles, was ih ausschalten. Bei unserem Experiment hatten die zusammen zwar mehr Punkte, doch Esra (unten) Frau vorne. Auch große Studien zeigen, dass Mul nicht Frauensache, sondern vor allem lernbar ist es trainiert, wird besser im Multitasking, es anzuw ist aber nicht immer sinnvoll, da die einzelnen Au weniger effizient erfüllt werden, als hätte man sie einander gemacht.

Unser Rechentest zeigt, dass die Testpersonen schneller rechnen, wenn die Rechen-Operationen Malnehmen und Geteilt nicht gemischt werden.

Multitasking extrem: Gleichzeitig Tischtennis, Volley und Basketball spielen, einen Ballon aufblasen und mit dem Zeh im Kakao rühren.

VERSCHLEIERT EINEN TAG

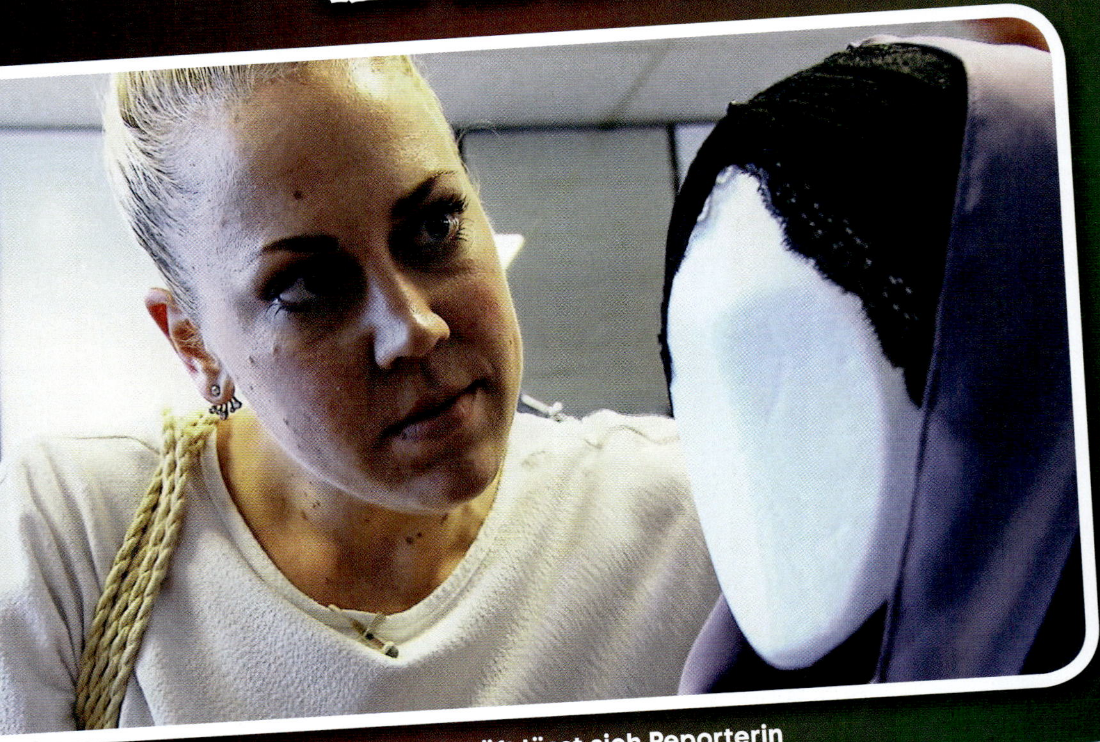

In einem muslimischen Fachgeschäft lässt sich Reporterin Inga einkleiden. Sie sucht sich eine Abbaya, ein schwarzes Kleid, und einen Nikab, den Gesichtsschleier, aus.

So wenig Haut wie möglich

Essen und Trinken fallen Inga schwer. Mit einem Strohhalm klappt's besser. Im Schwimmbad probiert sie den Burkini. Auch der schränkt ihre Bewegungsfreiheit und Sinne ein.

FÜR

Wie lebt es sich unter einer Burka? Und wie tolerant reagiert die Umwelt?

Vermummung der Frau

Diese Bekleidung ist in Europa umstritten: der Vollschleier der Muslima, die Burka. Er ist die extremste Form, um dem Gebot der Verschleierung der Frau, der sogenannten Hidschab, Folge zu leisten. Reporterin Inga will wissen, wie es sich darunter anfühlt und wie die Umgebung reagiert. Sie wagt den Selbstversuch in Hamburg. Um die Hintergründe zu verstehen, trifft sie sich mit Nora Illi. Die junge Schweizerin konvertierte vor zehn Jahren und gilt als eine der umstrittensten Muslima in der Schweiz. Für sie ist die Verschleierung ein Ausdruck von Freiheit. Die muslimische Rechtsanwältin Seyran Ates sieht das anders. Die Verschleierung bewirkt aus ihrer Sicht eher eine Reduzierung auf die Rolle als Frau. Auch Inga wird mehrfach belästigt. Für sie steht fest: ohne religiöse Überzeugung ist die Vermummung eine echte Einschränkung.

Das Gesichtsfeld der vermummten Inga ist extrem eingeschränkt. Ihr ist warm, sie kann nichts riechen und nichts ertasten. Alle ihre Sinne sind abgeschottet.

Kleine Schleierkunde

Es gibt viele verschiedene Varianten der Verschleierung. Vom einfachen Kopftuch, das lediglich die Haare versteckt, der Hidschab, bis hin zur Burka, die das Gesichtsfeld mit einer Art Gitter bedeckt.

Schluss mit lustig war auf der Reeperbahn: eine verschleierte Frau im Vergnügungsviertel? Hier wurde Inga offen angefeindet.

DICK SEIN IST

Wie fühlt sich das Leben an, wenn man dick ist? Was ändert sich im Alltag? Und was denken die Leute?

Verwandlung in XXL

Reporterin Funda möchte am eigenen Leibe erfahren, wie man als dicker Mensch lebt. Maskenbildner Birger Laube fertigt ihr einen speziellen Fettanzug inklusive Maske an. Aus der zierlichen Funda wird Funda XXL.

Beim Zumbakurs hält Funda nur 15 Minuten durch. Sportkleidung in Größe 60 gab es nur in Spezialgeschäften.

Hürdenlauf im Alltag

Fundas Auto muss stehen bleiben. Schon das Einsteigen fällt ihr schwer, Lenken ist mit dem dicken Bauch unmöglich. So würde sie den Straßenverkehr komplett gefährden. Also ab in die Bahn. Aber auch hier herrscht Platzmangel, die Sitze sind zu schmal. Manche Fluglinien verlangen Aufpreis für Übergewichtige, Krankenwagen sind selten für mehr als 150 Kilo ausgerüstet. Selbst auf den Toiletten ist es häufig zu eng.

'NE QUAL

Wie in einer Freakshow

Die schlanke Funda ist bewundernde Blicke gewohnt – als Funda XXL fühlt sie sich nun wie ein Monstrum. Die Passanten gaffen und machen sogar Fotos, sie wird ausgelacht und teilweise beleidigt. Der Alltag wird zum Spießrutenlauf. Kein Wunder, wenn sich mancher Übergewichtige lieber zuhause auf dem Sofa verkriecht.

Aus S wird XXL

Deutschland wird immer dicker. Darunter leidet nicht nur das Gesundheitssystem, sondern auch die Einzelnen selbst. Abgesehen von den Einschränkungen ihrer Gesundheit erleben Übergewichtige auch, dass sie im Berufs- und Privatleben diskriminiert, benachteiligt, beleidigt und als faul, arm und doof abgestempelt werden. In einem Selbstexperiment schlüpfte Reporterin Funda, sonst 52 Kilogramm leicht, mittels eines Fettanzugs und einer Spezialmaske in die Rolle einer Frau mit 150 Kilo Gewicht. Sie möchte erfahren, wie es sich als dicker Mensch lebt und wie die anderen reagieren. Sie erfährt, dass der Alltag mühsam, die gesundheitlichen Einschränkungen enorm und die öffentliche Diskriminierung sehr verletzend sein können. Und sie begegnete übergewichtigen Menschen, die dem Klischee des Faulen und Gefräßigen so gar nicht entsprechen.

Die übergewichtige Katharina hat bei 200 Kilogramm die Notbremse gezogen. Sie ist jetzt Mitglied in einer Selbsthilfegruppe und treibt dreimal pro Woche Sport. 40 Kilo hat sie schon verloren, Hohn und Spott erfährt sie immer noch. Das Vorurteil, dass sich Dicke nicht bewegen und zu viel fressen, findet sie verletzend.

10 TAGE IM SCHLARAFFENLAND?

Was stellt zu viel Zucker in unserem Körper an? Und macht Zucker eigentlich wirklich glücklich?

Ein Traum in süß

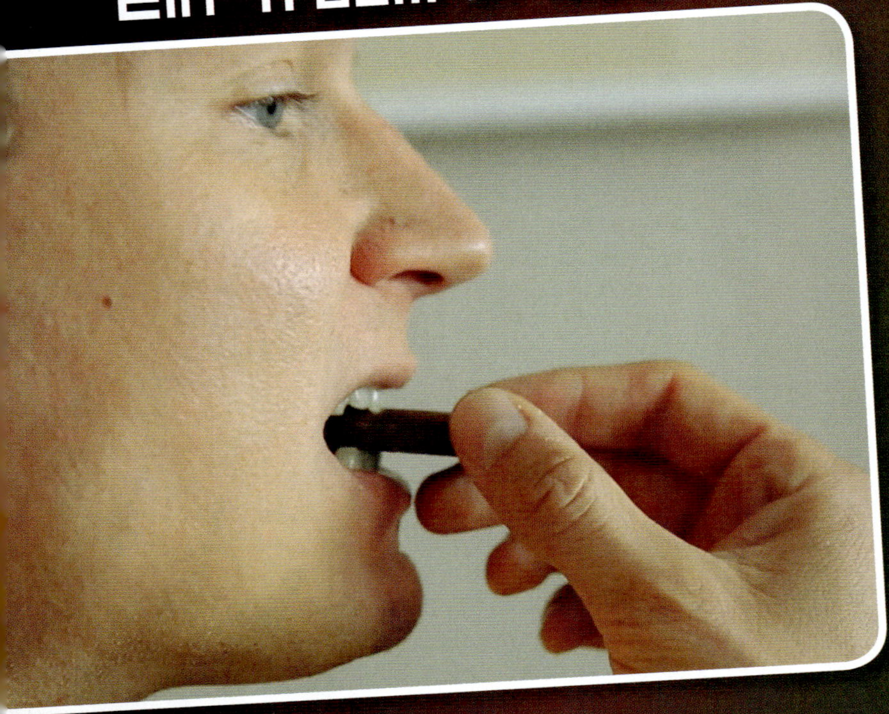

Reporter Cornel macht den Extremtest und ernährt sich zehn Tage lang nur von Süßigkeiten. Schokolade, Torte und Gummibärchen nonstop, statt Mittagessen zweimal Nachtisch. Traum oder Albtraum? Wir finden heraus, ob Zucker auf Dauer wirklich glücklich macht und welche körperlichen Auswirkungen das hat.

Drogenparty im Hirn

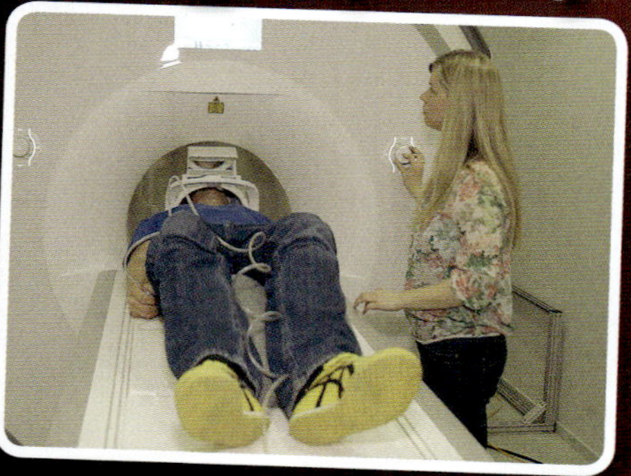

In der Magnetresonanztomographie, kurz MRT, wird Cornels Gehirnaktivität untersucht. Wegen des erhöhten Sauerstoffbedarfs und damit verbundener Durchblutung lässt sich genau erkennen, welche Gehirnzellen aktiv werden, wenn man Zucker konsumiert.

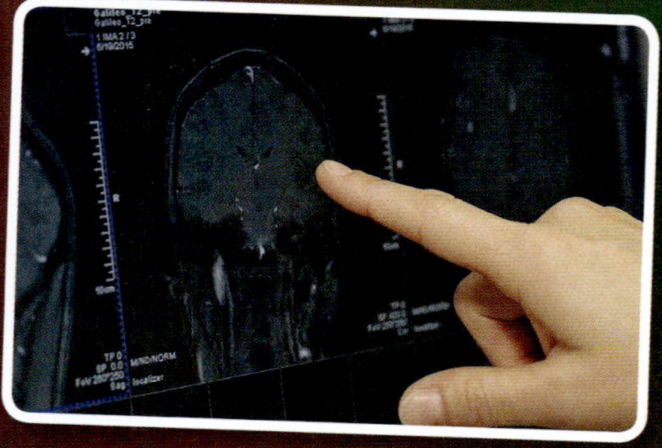

Und tatsächlich: Nach einem Glas Limo reagiert das sogenannte Belohnungszentrum im Gehirn. Durch die Ausschüttung des Hormons Dopamin fühlt sich Cornel glücklich. Das macht ihm Lust auf noch mehr Zucker.

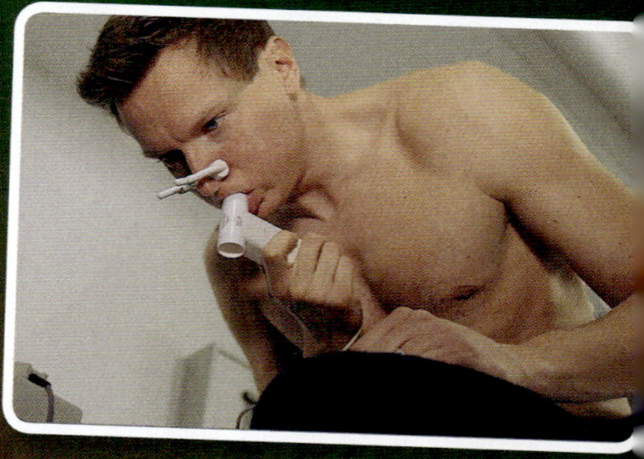

Bei der Untersuchung nach dem Experiment reagiert das Belohnungszentrum kaum noch auf die Limo. Es bräuchte jetzt eine viel höhere Zuckerkonzentration und zeigt so ein suchtähnliches Verhalten.

Cornel hat alle gesunden Nahrungsmittel vor dem Experiment aussortiert: kein Gemüse, nichts Grünes, kein Fleisch. Seine Vorräte bestehen nur noch aus zuckerhaltigen Lebensmitteln. Warum also nicht mal Spaghetti mit Schokoladencreme zum Frühstück? Schmeckt nicht lecker, aber macht satt.

Suchtfaktor Zucker

Colafläschchen, Eis und Schokolade naschen w
alle gern. Was Zucker aber wirklich in unserem Körp
macht, wollte unser Reporter Cornel genau wissen.
macht den Extremtest und ernährt sich zehn Tage lan
ausschließlich von Süßem. Natürlich wird er dabei medizinisch begleitet. Beim Gesundheitscheck vor dem Start schneid
Cornel gut ab: Die Blutwerte sind in Ordnung und seine körperliche Belastbarkeit ist top. Am Anfang fühlt er sich super. Der Gru
Zucker liefert schnelle Energie, die vom Körper sofort verwertet
werden kann – vor allem für das Gehirn und für Sport wichtig.
Überschüssige Zuckerenergie packt das Bauchspeicheldrüsen
hormon Insulin in Depots. Wenn man so viel Zucker isst wie Cornel, gerät das aber leicht aus dem Gleichgewicht. Zu viel Insulin
im Blut sorgt dafür, dass der Blutzuckerspiegel absinkt und man
immer mehr Heißhunger auf Süßes bekommt. Nach einigen Tagen sinken Cornels Leistungsfähigkeit und seine Laune. Das zeig
sich auch beim Abschlusstest: Seine Fitness hat sich halbiert und
die Blutfettwerte haben sich verdreifacht. Langfristig wären Herz
infarkt und Schlaganfall mögliche Risiken. Zu viel Zucker macht
auf lange Sicht krank und schlechte Laune. Cornel hat nach zehn
Tagen den Zucker so richtig satt.

Extrem abgestumpft

Mittels eines Geschmackstests ermitteln Sensoriker, ob Cornel Süßes nach dem Experiment noch genauso gut schmeckt wie davor.

Er probiert Wasserproben mit unterschiedlichen Süßegraden in beliebiger Reihenfolge. Vor dem Test empfinden Cornels Geschmacksknospen auf der Zunge das Wasser mit 80 Gramm Zucker schon als extrem süß. Sie schlagen Alarm.

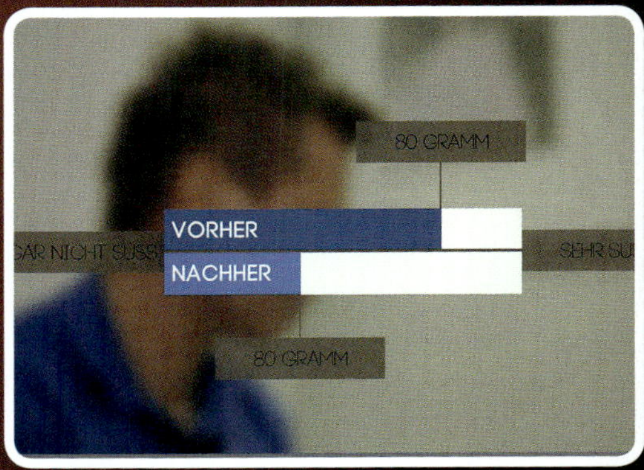

Nach zehn Tagen Zuckergenuss ist der Geschmackssinn für süß extrem abgestumpft, das gleiche Wasser wird nicht mehr als besonders süß wahrgenommen.

KEINE ANGST VOR TODESZONE

Normalsterblichen wird nur schon beim Anblick dieses Bildes schwindlig.

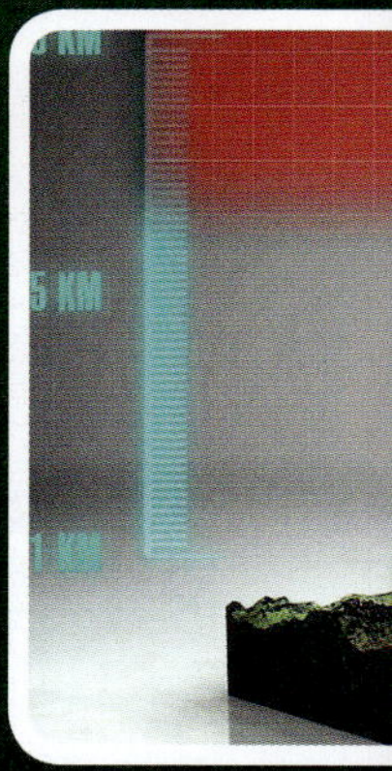

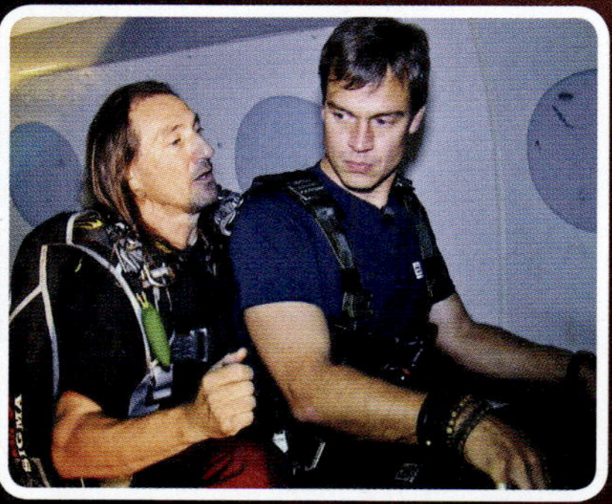

Bevor es ernst gilt, heißt es üben, üben, üben. Harro ist bei Trainer Mark in guten Händen.

Sechs Teile für einen Sprung: Helm, Sauerstoffmaske und -flasche, Brille, Handschuhe und Sprunganzug.

Der Herzstillstand-Moment: kurz vor dem Sprung gilt es, die Nerven zu bewahren.

Im entscheidenden Moment muss jede Bewegung sitzen.

DER

Behält Reporter Harro die Nerven beim Fall aus zehn Kilometern Höhe?

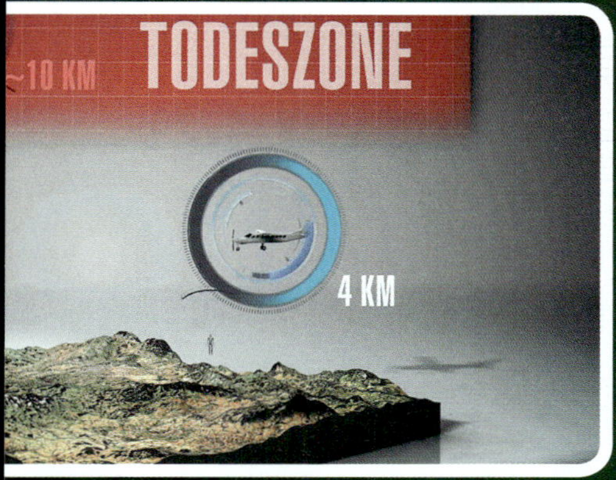

Spring, Harro, spring!

Normalerweise würde man sich für seinen ersten Fallschirmsprung nicht gleich einen der extremen Art aussuche
Doch Harro ist nicht jedermann. Er wagt d
sogenannten HALO-Sprung aus zehn Kilometer
Höhe. Da ein Mensch dort nicht mehr atmen kan
und deswegen mit Sauerstoffmasken gesprunge
wird, trägt sie auch den Übernamen Todeszone.
HALO steht für „High Altitude Low Opening" (dt. gr
Höhe, tiefes Öffnen). Mitte des letzten Jahrhunder
erfindet das US-Militär die HALO-Sprünge, um im
Notfall auch aus großer Höhe abspringen zu können. Fast zwei Minuten dauert der freie Fall. Nicht
für schwache Nerven.

Während des Fluges den Rücken durchzudrücken ist wichtig, um nicht ins Trudeln zu geraten.

Ist der erste Schock erst einmal überwunden, genießt Harro den Fall mit 330 km/h.

Die Glückshormone sind nach der Landung nicht mehr zu bremsen. Als 129. Person weltweit hat er den gefährlichen Sprung gewagt. Harro umarmt seinen Tandem-Springer Mark.

WAS STINKT

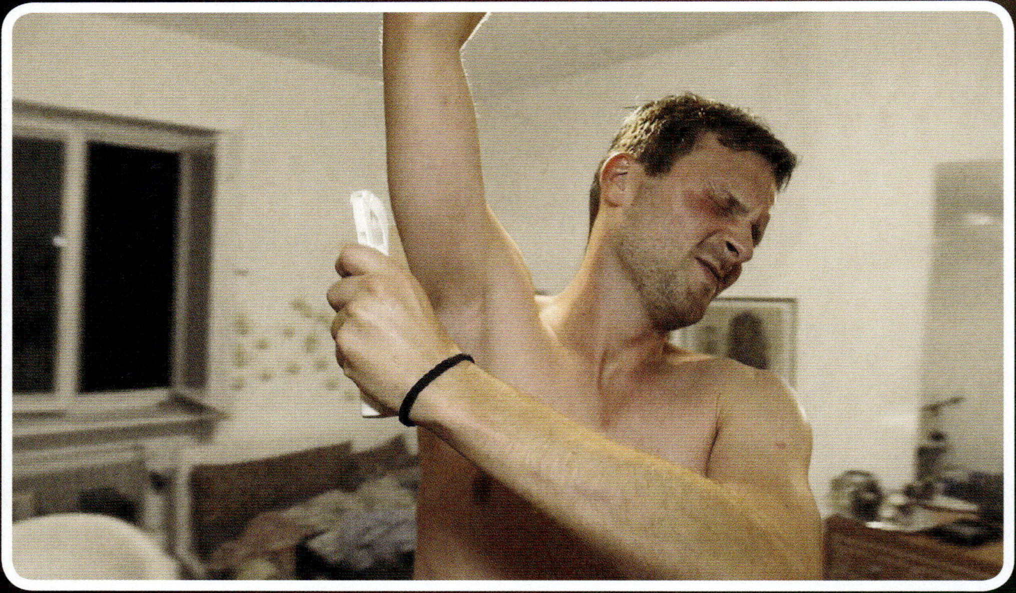

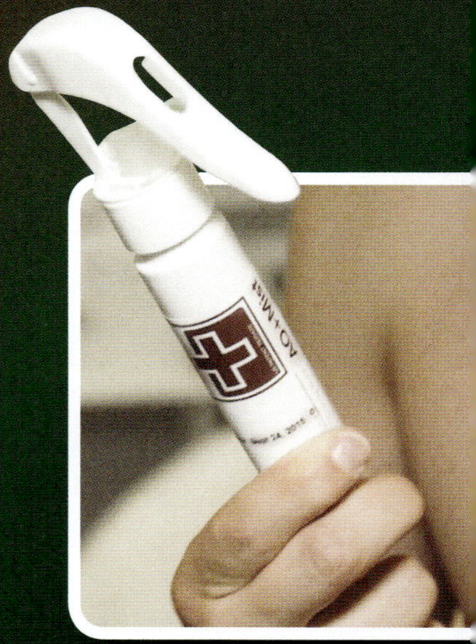

Mühselige Prozedur: Jeden Tag sprayt sich Johannes mit dem Waschspray ein. Dusche? Gibt's nicht.

Der tägliche „Schnuppertest" zeigt etwaige Geruchsveränderungen sofort an. Zu Beginn ist noch alles fein.

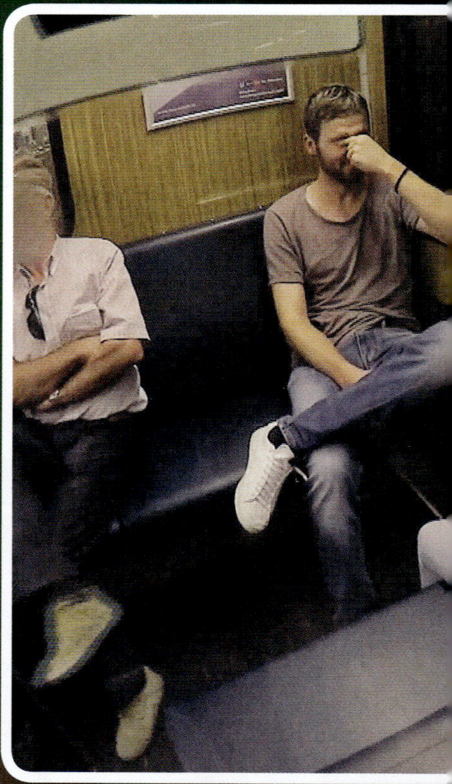

In der Mitte des Experiments wacht Johannes nachts von seinem eigenen Gestank auf. Um seine Mitbewohner nicht zu belästigen, schläft er draußen.

HIER SO?

Wie lange hält Reporter Johannes es aus, sich nicht zu waschen?

Das Wunderspray aus den USA enthält sogenannte „Waschbakterien" und soll so die Dusche ersetzen.

Komm mir nicht zu nahe

Für fast alle Menschen gehört es zur Tagesroutine: die tägliche Dusche. Durchschnittlich verbraucht ein Mensch in drei Tagen 140 Liter Wasser nur für die Körperpflege – das ist eine ganze Badewanne voll. Ein „Waschspray" aus den USA will dieses Ritual überflüssig machen. Es verspricht: Wer sich mit dem Spray einsprüht, braucht nicht mehr duschen. Reporter Johannes hat es ausprobiert. Die Wunderwirkung in der Flasche stammt von ammoniakabbauenden Bakterien der Spezies „Nitrosomona Eutropha". Früher waren diese Bakterien natürlicher Bestandteil unserer Haut. Mit Duschgel und anderen Waschsubstanzen haben wir sie jedoch ausgerottet. Mit dem täglichen Einsprühen sollen die Bakterien wieder angesiedelt werden und uns wieder natürlich rein halten. Doch das braucht Zeit. Bis dahin hat Johannes mit einer ganzen Ladung an Problemen zu kämpfen: Gestank, fettige Haare, Pickel, Rötung und Entzündung der Haut. Doch dann nach gut zwei Wochen die Erlösung: Das Spray wirkt! Die Bakterien haben das Ammoniak in nicht stinkende Bestandteile umgewandelt. Johannes' Haut ist wiederhergestellt und er braucht jetzt viel weniger duschen als zuvor.

So unangenehm! Die einfache Fahrt mit den öffentlichen Verkehrsmitteln wird ungeduscht zum Spießrutenlauf.

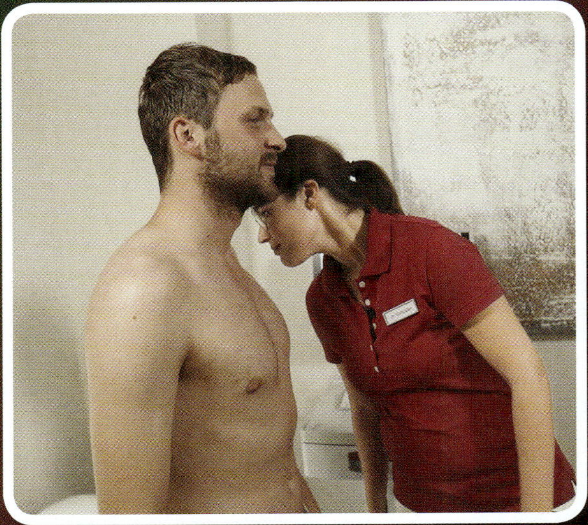

Die Dermatologin staunt nicht schlecht: Der üble Geruch hat sich zu Ende des Experimentes komplett verflüchtigt.

KAPITEL 03

STÄHLERNE GEGNER

DIE EXPERIMENTE

- »» DON´T STOP THE ACTION
- »» XXS ZIEHT XXL
- »» CAMPING FÜR DIE GROSSFAMILIE
- »» HOCH HINAUS / FLINK FALTEN
- »» MIT EISERNEM HANDKANTENSCHLAG
- »» SPRITZTOUR UNTER WASSER
- »» EIS ODER ASPHALT?

ANALYSIS
SEARCH
SCANNING

DON'T STOP THE ACTION

Wie lange halten unsere Reporter es aus, nonstop Achterbahn zu fahren?

Mitten in der Nacht beginnen unsere Testpersonen mit dem Achterbahn-Marathon.

Ganz schön kalt und windig so eine Achterbahnfahrt.

Hoch, runter, hoch, runter: Das Adrenalin ist anstrengend für den Körper.

Sarah Louise (links) gewinnt mit 500 Fahrten und 28 Stunden nonstop Action.

Natalia geht es ums Gewinnen. Doch dann ...

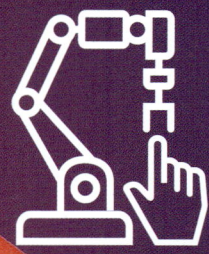

Achterbahn-Marathon

Unsere vier Testpersonen Harro, Alex, Sarah Louise und Natalia treten an, um möglichst viele Runden in Fahrgeschäften zu verbringen. Natürlich stehen sie dabei unter ärztlicher Beobachtung, damit sie keine gesundheitlichen Schäden davontragen. Nach vier Tagen sind noch drei Kandidaten im Rennen. Harro musste auf ärztliches Anraten hin das Experiment verlassen. Bis dahin haben alle durchschnittlich 100 Runden täglich absolviert. Dann muss Alex eine Pause einlegen. Er kann nicht mehr. Der Körper setzt bei großer Erschöpfung eine autonome Zwangspause. Danach bricht Sarah Louise weinend zusammen. Nach einer Runde Kinderkarussell geht es ihr besser, sie startet wieder durch. Aber auch Natalia bricht ab. Ihre Werte lassen nicht zu, dass sie weitermacht. Die Ärzte entscheiden, das gesamte Experiment zu beenden, um keine weiteren gesundheitlichen Risiken einzugehen. Siegerin ist Sarah Louise mit sagenhaften 500 Fahrten und fast 28 Stunden Fahrtzeit.

Zu Beginn macht jede Fahrt noch Spaß. Je länger die Fahrten, desto gefährlicher wird es.

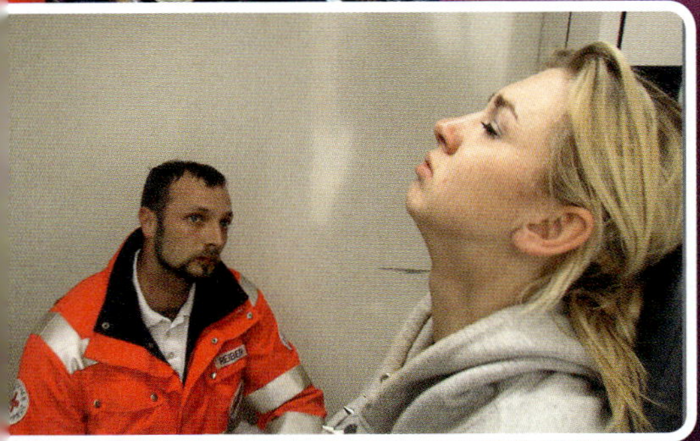

… lassen es ihre Werte nicht zu, dass sie weiterfährt. Die Enttäuschung ist groß.

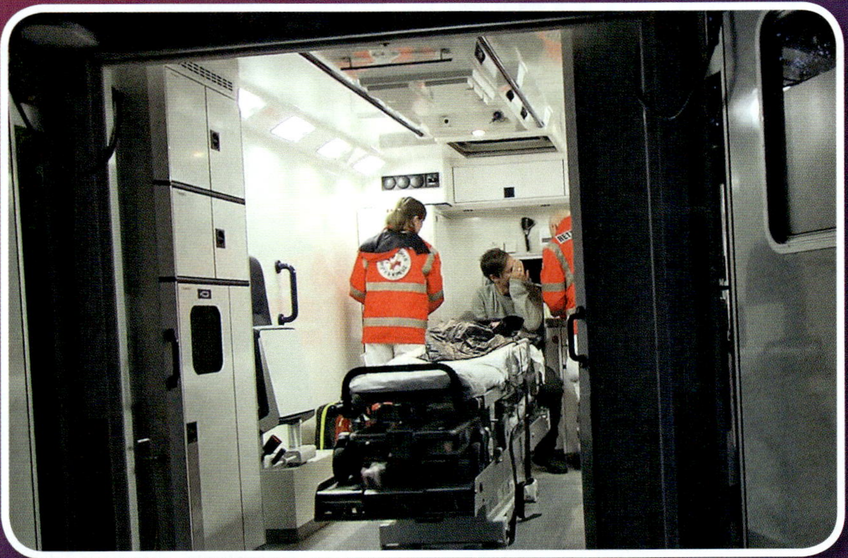

Einer nach der anderen brechen die Testpersonen zusammen.

XXS ZIEHT XXL

Können 150 Miniaturloks eine echte Lok ziehen?

150 Miniaturloks

Die Miniaturloks der Baureihe ÖBB 1020 stellt das Miniatur Wunderland in Hamburg, der größten Modelleisenbahnanlage der Welt. Sie glauben daran, dass XXS XXL ziehen kann.

800 Bretter

In Dreierreihen sind immer 50 Gleise auf ein Brett genagelt. Die Bretter helfen bei der Stabilisation.

12.800 Nägel

Die Schienen werden mit 12.800 Nägeln auf die Holzbretter genagelt, um das ganze Konstrukt besser transportieren zu können.

86-Tonnen-Lok

Der Gegner ist eine Lok der Baureihe 101. Schaffen es 150 Miniaturloks tatsächlich, ihren großen Bruder zu ziehen?

Score 7,07 Meter

Die vorbereiteten Gleisbretter müssen Mmllimetergenau ausgerichtet sein. Die kleinste Abweichung nach links oder rechts kann das Ende des Versuchs bedeuten. Ein Staubkorn kann die Miniloks aus dem Gleichgewicht hebeln. Also heißt es Schienen putzen.

Armee aus Winzlingen

Das nennt sich Lokomotivespielen der Superlative. Das Team vom Miniatur Wunderland in Hamburg will mit 150 Miniloks eine echte Lok ziehen. Nur 36 Stunden bleiben ihnen für den Versuch, denn dann muss das Gleis wieder geräumt sein. In dieser Zeit müssen sie 50 Gleise mit rund 800 Brettern und total 12.800 Nägeln verbinden. Nur schon das Aufgleisen der Winzlinge dauert rund eine Stunde. Mit 40 Kilogramm reiner Zugkraft kämpfen die Miniloks gegen die große an. Dafür, dass diese gleichmäßig auf die 150 Maschinen verteilt wird, sorgt ein Stahlgestell, in die das Seil eingespannt sind. Dann ist es soweit. Zehn Meter Strecke liegen vor der Armada aus Miniaturloks. Sie kommen 7,07 Meter weit, doch dann ist Schluss. Die Strecke führt ab dort minimal bergauf. Das ist leider zu viel für die kleinen Loks. Für zehn Meter reicht es nicht, doch ein kleiner Erfolg ist es trotzdem.

CAMPING FÜR GROSSFAMILIE

Camper so weit das Auge reicht! Der Urlaub mit dem praktischen Anhänger ist allseits beliebt.

Für unser Experiment brauchen wir ein Auto mit ordentlich Dampf unter der Haube. Dieser Opel hat 100 PS und, sehr wichtig, eine Anhängerkupplung.

DIE

Wie viele Camper können wir mit einem Kleinwagen ziehen?

Michael ist unser Testfahrer. Auf einer Strecke von 100 Metern zieht er in vier Versuchen zum Schluss 15 Camper über die Ziellinie. Beim letzten Versuch mit 18 Campern ist die Kolonne länger als die Teststrecke. Doch kurz vor dem Ziel gibt die Kupplung den Geist auf.

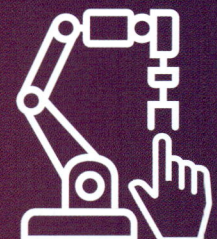

Zieh mich!

Wie schön wäre es, wenn sich nicht nur ein Camper, sondern gleich mehrere an den Kleinwagen koppeln ließen. Das würde bestimmt Sprit sparen. Wir haben das Gedankenexperiment zu einem Versuch ausgebaut und die Frage „Wie viele Camper lassen sich an einen Kleinwagen anhängen?" auf die Spitze getrieben. Ein Wohnwagen wiegt etwas mehr als eine Tonne. Dass sich dieses Gewicht auch leicht von Hand bewegen lässt, weiß jeder, der schon einmal einen Camper rangiert hat. Der Kleinwagen muss maximal 50 Kilogramm Zuggewicht ziehen, da der Wagen selbst auch schon auf zwei Rädern steht. Das ist das Geheimnis dahinter, dass sich überhaupt mehr als ein Camper anhängen lassen. Natürlich gehört zu einer Wohnwagen-Wohnwagen-Kupplung auch eine Aufhängung vorne dazu. Wir schaffen es, 15 Anhänger 100 Meter weit zu ziehen, bevor der Kleinwagen schlapp macht.

1. Versuch

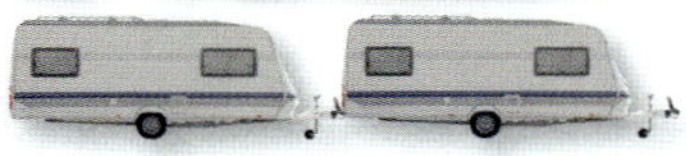

2. Versuch

3. Versuch

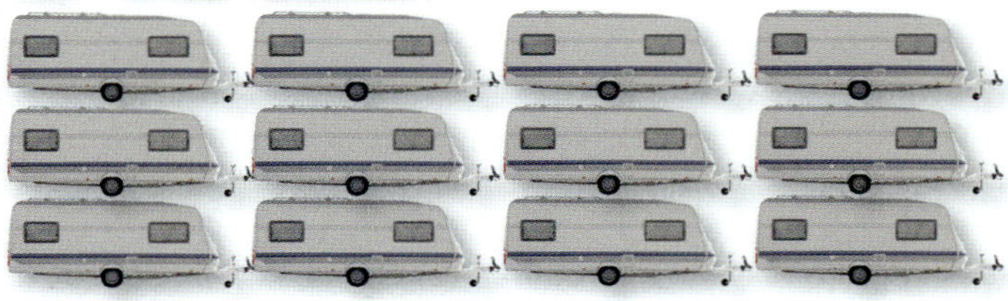

4. Versuch

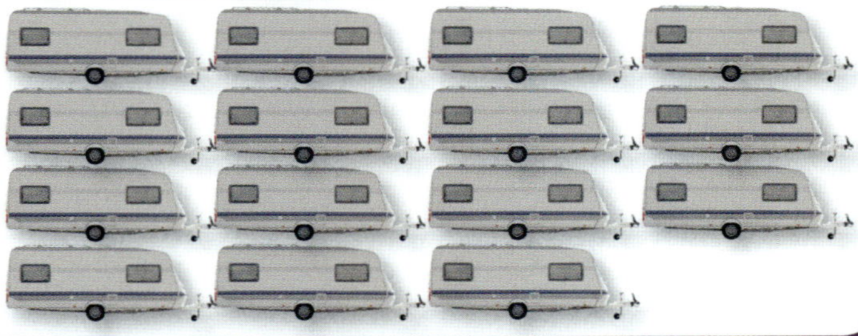

5. Versuch: 111 Meter lang

HOCH HINAUS

Kann ein Mensch schneller Stockwerke bezwingen als ein Fahrstuhl?

Die Maschine: Fahrstuhl in den Highlighttowers

Score 27 Etagen

GEWINNER

Ein moderner Aufzug, der fünf Meter Höhe pro Sekunde schafft. 27 Stockwerke, 113 Höhenmeter oder 570 Stufen sind es bis zu seiner Spitze.

Der Mensch: Matthias Jahn

Score 6 Etagen

Der 27-Jährige ist zweitschnellster Mann im Treppensteigen. Sein Vorteil ist, dass er leicht ist und alle Kraft in den Beinen hat.

... der hat es in den Beinen

Selten gibt es Menschen, die lieber Treppen hoch- als runtersteigen. Für Matthias Jahn ist es das größte Glück. Sein Trick besteht darin, immer zwei Stufen auf einmal zu nehmen. Diese Hebekraft ist für seinen Körperbau am besten. Zusätzlich zieht er sich kraftvoll am Geländer hoch. Gegen den Fahrstuhl Vestner Advance 3 gewinnt Jahn über sechs Stockwerke in nur 34 Sekunden. Doch ein richtiger Gegner wartet in den Highlighttowers in München. Der schafft fünf Meter pro Sekunde. Dagegen hat der Läufer keine Chance. Der Fahrstuhl ist schon oben, als Jahn erst den 6. Stock erklommen hat.

FLINK FALTEN

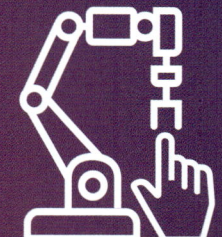

Ist die schnellste T-Shirt-Falterin der Welt flinker als ein industrieller Faltroboter?

Die Maschine: Kannegiesser F-AX 900

Score 85 Sekunden

Die Mission des Faltroboters: unermüdlich T-Shirts falten. In drei Faltschritten schafft der Roboter 900 T-Shirts in einer Stunde.

Wer macht heute die Wäsche, Liebes?

Auch eine mühselige Hausarbeit kann einem einen Guinness-Weltrekord-Titel bescheren. Für Roja ist es wichtig, ihren eigenen Rhythmus zu finden. Wenn sie sich nur einmal vergreift, ist der Kampf verloren. Programmierter Faltroboter und flinke Finger treten gegeneinander an, um zu entscheiden, wer zuerst 25 T-Shirts faltet. Mit zehn Sekunden Vorsprung faltet Roja das letzte Oberteil. Zwar nicht ganz so adrett wie die Kannegiesser, aber es reicht ganz entspannt für einen Sieg.

Der Mensch: Roja

Score 75 Sekunden

GEWINNER

Roja hat ihre spezielle Falttechnik bei einem Japaner gelernt. So faltet sie 20 T-Shirts pro Minute. In der Guinnessshow der Weltrekorde hat sie sich den Titel „Schnellste T-Shirt-Falterin der Welt" geholt.

MIT EISERNEM

Ein betonhartes Duell: Kann ein Mensch einen Abbruchhammer schlagen?

Die Maschine: Caterpillar 325 DLN

Score 23 Sekunden

GEWINNER

Bei diesem Anblick gerät jeder brüchige Asphalt ins Zittern. Ein Hammer mit 14 Zentimetern Durchmesser zerschlägt mit einer Kraft von 50 Tonnen jedes Material.

HANDKANTEN-SCHLAG

Der Mensch: Thomas Teige

Für den 1,79 Meter großen und 105 Kilo schweren Vizeweltmeister und mehrfachen Europameister im Kickboxen ist kein Gegner zu stark. Seine gefährlichste Waffe: die Handkante.

David gegen Goliath

Für alle Weicheier, die schon Pipi in den Augen kriegen, wenn sie mit dem Knie auf den Asphalt knallen, ist dieses Experiment nichts. Ein Abbruchhammer tut den lieben langen Tag nichts anderes, als unzerstörbare Materialien zerstören. „Das kann ich schneller", sagt Herausforderer Thomas Teige. Mit einem Schlag kann er mehr als eine Tonne Druck entwickeln. Und die wird er auch brauchen. Jeweils zehn Türme aus Porenbeton-Platten warten darauf, von den beiden Kraftpaketen geknackt zu werden. Teiges Chance liegt in der Geschwindigkeit: nach nur 16 Sekunden zertrümmert er den letzten Stapel. Zeitlich somit klar vor der Maschine. Doch meist hat er es nicht geschafft, alle Platten zu zerteilen. Der Sieg geht deshalb an den stählernen Herausforderer. Er ist in seiner Schlagkraft einfach effektiver.

SPRITZTOUR WASSER

Ohne Luft läuft bei einem Motor gar nichts. Deswegen benutzen wir bei unserem Experiment einen großen Schnorchel fürs Auto.

Taucher Sommerlatt trägt während des Tauchgangs eine spezielle Maske, durch die er auch mit der Crew am Ufer reden kann.

UNTER

Da bleibt sogar den Fischen der Mund offen stehen: Fährt ein Auto wirklich unter Wasser?

Da staunen die Fische

Auf einer Safari wäre manch einer bestimmt schon gerne durch einen See gefahren, wenn der Weg im Nirgendwo endete. Taucher Torsten Sommerlatt und Reporter Klas wagen genau dieses Experiment. Mit einem speziell umgebauten Auto wollen sie 200 Meter unter Wasser fahren. Dabei steht und fällt das Unterfangen mit dem intakten Motor: Gelangt Wasser rein, kann keine Verbrennung stattfinden und er geht aus. Deshalb ist der Luftfilter ausgebaut und die Luftansaugung mit einem Rohr aufs Dach gelegt. Auch der Auspuff ist mit einem Schnorchel nach oben verlängert. Beim ersten Versuch geschieht der Worst Case: Der Schnorchel ist undicht, der Motor hat Wasser angesaugt. Das Auto muss in die Werkstatt. Wir dürfen unseren Versuch im klaren Swimmingpool wiederholen. Und wir toppen unsere Erwartungen: Ganze 500 Meter fahren wir im Pool hin und her. Wir beweisen das Unglaubliche: Ein Auto fährt tatsächlich unter Wasser.

Nicht das natürliche Umfeld für einen Wagen. Doch wir wollen mit dem Auto schwimmen gehen.

Ein Kran hebt das Auto vorsichtig ins Wasser. Im Kofferraum liegen Steine, damit das Auto gerade hängt.

Nach dem gescheiterten Versuch im trüben See, fahren wir mit dem Auto ganze vier Längen im Swimmingpool!

Score 500 Meter

EIS ODER AS

Vierer-Bob, Profi-Wok-Fahre und Rallye-Weltmeister: welches Gefährt ist am schnellsten?

Der Bob

Bobpilot Andreas Neagu ist mehrfacher Europacup-Teilnehmer. Seit 10 Jahren fährt er die Bobbahn in Winterberg im Sauerland.

Der Bob gilt als Favorit. Die Kufen sind sein Kapital. Mit einem speziellen Schleifpapier entfernt der Bobpilot vor dem Rennen Schmutz und Unebenheiten von den Kufen.

Wok-Fahrer Joey Kelly war mit seinem Rennwok bei der Wok-WM auf dem Treppchen und ist dreifacher Weltmeister.

HALT?

Das Rallye-Auto

Rallye-Fahrer Aaron Burkart war Vizeweltmeister und ist ein absoluter Profi im Umgang mit schnellen Autos.

Die Bobanlage in Winterberg im Sauerland ist ideal für unser Rennen. 110 Höhenmeter und 1,3 Kilometer sind es bis ins Tal. Bobstrecke und Straße verlaufen parallel.

Möge der Schnellste gewinnen

In der ersten Runde treten Rallye-Auto gegen Rennwok an. Rallye-Fahrer Aaron Burkart entscheidet sich für die Winterreifen und gegen die Spikes. Einen perfekten Reifen gibt es nicht, da die Strecke oben vereist und unten Asphalt ist. Wok-Fahrer Joey Kelly hat ein entscheidendes Extra: Im Innern des Hightech-Woks ist eine Heizung angebracht. Durch den Gleitfilm kann das Küchengerät noch schneller werden. Zwar erreicht Kelly auf der Zielgeraden 80 km/h, doch die letzte Kurve geht bergauf. Keine Chance für den Wok. Runde zwei: Dieses Mal entscheidet sich Burkart für Reifen mit Spikes. Für Bobfahrer Andreas Neagu ist der Start am wichtigsten. Nur so erlangt der Bob genug Geschwindigkeit. Mit 59,8 Sekunden rauscht das eingespielte Bobteam als erstes ins Ziel. Trotz 230 PS und Spikes verliert das Auto.

KAPITEL 04

WUNDERSAME WELT

DIE EXPERIMENTE

- »» HIER KNALLT ES
- »» MEHR ALS 99 LUFTBALLONS
- »» WASSERBALLON MAL ANDERS
- »» ABGESCHLEPPT ZUM WELTREKORD
- »» DA GUCKT DIE RADARFALLE BLÖD
- »» TENNIS OHNE LIMITS
- »» KAMPF DER MATERIALIEN

ANALYSIS
SEARCH
SCANNING

HIER KNAL

Wann knallt ein Ballon am lautesten? Kommt es auf die Größe oder den Druck im Balloninneren an?

Wir messen genau nach

Die Lautstärke misst man in Dezibel. Wir verwenden dazu ein gewöhnliches Schallpegelmessgerät.

Score 105 Dezibel

Wir starten mit einem ganz normalen Luftballon und messen 105 Dezibel. Das ist in etwa so, als würde man im Club nur einen Meter neben dem Lautsprecher stehen. Aber der Innendruck des Ballons liegt bei 12 Millibar.

Den zweiten Versuch machen wir mit einem XXL-Luftballon. Erstaunlicherweise platzt der etwas leiser als der kleinere. Jan wundert sich. Aber: Innendruck liegt nur bei sechs Millibar.

T ES

Im dritten Anlauf testen wir einen Wetterballon. Aufgepustet hat er einen Durchmesser von mehr als zehn Metern. Eine Windböe drückt ihn ins Gras und lässt ihn platzen. Überraschenderweise ist der Knall noch leiser.

Knaller-Luftballons

Reporter Jan und Stefan Kerber, Audio-Experte an der TU München, lassen Luftballons unterschiedlicher Größe platzen. Überraschend ist: je größer der Luftballon, desto leiser der Knall. Experte Stefan weiß, es liegt am Innendruck. Je höher dieser ist, desto lauter der Knall. Und je größer der Ballon, desto geringer der Innendruck. Jan muss etwas finden, das groß ist und viel Innendruck aushält: den Schlauch eines Traktorreifens. Der hat richtig feste Wände und hält viel mehr aus als ein Ballon. Unser Kompressor pumpt 20 Bar in den Schlauch, das ist 1.700 Mal mehr als in einem Luftballon. Der Schlauch hält. Mit einem Blasrohr schießt Jan den Schlauch kaputt. Der Knall ist laut – 116,7 Dezibel. Wenn ein Ballon platzt, entweicht die Luft schlagartig. Diese Druckwelle nehmen wir als Knall wahr.

MEHR ALS 99

Damit Reporter Jan bequem und sicher fliegen kann, verwenden wir den Sitz eines Gleitschirmfliegers.

Eine Windböe erfasst Jan. Aber er hebt nicht ab. Wir brauchen mehr Ballons.

Der Sitz hängt nun sicher an den Luftballons, Jan schnallt sich an. Die Ballons füllen wir mit Helium, es ist leichter als Luft und sorgt für Auftrieb.

LUFTBALLONS

Kann man fliegen, wenn man sich an Luftballons hängt? Und wie viele Ballons braucht man, bis man abhebt?

Abheben mit Luftballons

Reporter Jan macht für uns den Versuch und wagt sich mit einem Bündel Luftballons in luftige Höhe. Ein Luftballon hat in etwa einen Auftrieb von 500 Gramm. Für Jans 70 Kilogramm und den Sitz, in dem er fliegen soll, bräuchten wir also mindestens 160 Ballons. Diese befüllen wir mit Helium, das ist leichter als Luft und treibt sie nach oben. Erst versuchen wir es mit einem Gleitschirmfliegersitz, damit Jan bequem und sicher fliegen kann. Zu schwer. Auch mit 210 Luftballons hebt unsere Konstruktion nicht richtig vom Boden ab. Jan schwebt, aber er fliegt nicht. Wir gehen aufs Ganze und starten den Versuch noch mal – ohne Sitz. Und siehe da: es klappt. Jan fliegt glücklich in die Abendsonne – auch wenn es mehr als 99 Luftballons brauchte.

Wir versuchen es ohne Sitz. Es klappt. Jan fliegt an seinen Ballons ein paar Runden in der Abendsonne.

WASSERBALLON

Sobald etwas Luft in dem Ballon ist, versucht er nach oben zu treiben. Das macht es mühsam für „Wolle".

MAL ANDERS

Kann man auch unter Wasser einen Luftballon aufblasen? Wie lange muss man dazu die Luft anhalten?

Tief Luft holen

Um einen Luftballon aufzublasen, muss man gerade am Anfang ganz schön pusten. Wir wollen wissen, ob das auch unter Wasser klappt. Wir treffen Wolfram Neugebauer alias „Wolle“, einen der weltbesten Apnoetaucher. „Wolle“ kann bis zu neun Minuten die Luft anhalten und hat ein Lungenvolumen von 7,4 Litern. Das müsste reichen. Aber kann er unter Wasser auch genug Druck erzeugen, um den Ballon aufzublasen? Unter Wasser ist ja der Außendruck deutlich höher. „Wolle“ macht den Versuch. Unter Wasser fühlt sich das Aufblasen sogar leichter an als über Wasser. Wir prüfen mit dem Druckmessgerät nach: Über Wasser beträgt der Innendruck des Ballons 12 Millibar, unter Wasser fast 120 Millibar, also das Zehnfache! Die Erklärung: Beim Abtauchen steigt durch den zunehmenden Wasserdruck auch der Innendruck in „Wolles“ Lunge. Beim Aufpusten gleicht das den höheren Wasserdruck wieder aus. Luftballons unter Wasser aufblasen, ist also möglich.

Über Wasser gelingt es Apnoetaucher „Wolle“ leicht, den Ballon aufzublasen. Der Luftdruck im aufgeblasenen Ballon beträgt 12 Millibar.

Doch dann schafft „Wolle“ es ohne Probleme, den Ballon aufzupusten. Es kommt ihm sogar leichter vor als über Wasser.

ABGESCHLEPPT ZUM

Jan holt sich Verstärkung für sein Vorhaben: der ehemalige Wasserski-Weltmeister Jochen Lüers und Top-Trainer Markus Häberle. Jan übt schon mal auf echten Sprungski.

Das Zugseil wird in 25 Metern Höhe auf Deck 11 an Bord befestigt. Diese Höhe ist notwendig, um einen steileren Winkel zu erhalten.

WELTREKORD

Wird es Reporter Jan gelingen, für den Eintrag ins Guinness-Buch der Rekorde eine Wasserskifahrt hinter dem größtmöglichen Kreuzfahrtschiff zu machen?

Gleichgewicht behalten

Reporter Jan möchte hinter einem größtmöglichen Kreuzfahrtschiff Wasserski fahren. Sein Ziel: Der Eintrag ins Guinness-Buch der Rekorde. Dafür muss er mindestens fünf Minuten am Stück fahren. Den bisherigen Rekord hält die MS Deutschland mit 175 Metern Länge. Jan findet die Aida Bella mit 252 Metern Länge deutlich länger. Die Herausforderung: Kreuzfahrtschiffe sind träge und kommen nur langsam in Fahrt. Ein normaler Wasserskistart wird damit unmöglich, denn normalerweise nutzen Wasserskifahrer Zugkraft und Geschwindigkeit eines Boots, um übers Wasser zu gleiten. Außerdem gibt es hinter so einem großen Schiff Wasserverwirbelungen, die das Fahren erschweren. Beim ersten Versuch verliert Jan den Ski, die Zeit läuft ihm davon. Das Team setzt auf Risiko. Sie wagen einen halsbrecherischen Start. Aber das Experiment gelingt: Jan hält sich sechs Minuten und 25 Sekunden auf den Ski. Der Weltrekord ist geglückt.

Zwei Beiboote begleiten den Wasserskifahrer, um im Notfall jederzeit zur Stelle zu sein. Bei einer Geschwindigkeit von 15 Knoten ist das Wasser hart wie Stein.

Jan trifft auf die Aida Bella. Sie ankert vor Palma de Mallorca und ist mit 252 Metern Länge und 32 Metern Breite eines der größten Kreuzfahrtschiffe der Welt.

Score 25 Sekunden

Für den Rekord muss Jan mindestens fünf Minuten am Stück fahren. Guinnessbuchvertreter Olaf Kuchenbäcker stoppt die Zeit.

DA GUCKT DIE RADARFALLE

Tappt der Helikopter in die Geschwindigkeitsfalle?

Auf dieser Strecke wird der Helikopter gleich geblitzt.

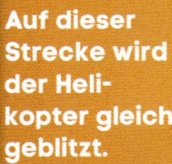

Das Objekt der Begierde: Der Leicht-Hubschrauber schafft bis zu 240 km/h.

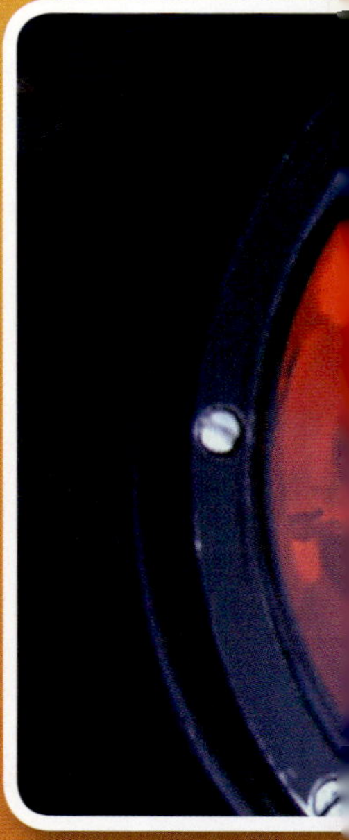

BLÖD

Verkehrsregeln in der Luft

Ganz zu Beginn ein überraschender Fakt für unser Team: Deutschland ist auch in der Luft radarüberwacht. Das heisst niemand darf ungestraft durch den Luftraum düsen. Doch würde auch ein ganz normaler Straßenverkehrsblitzer ein Foto von einem Helikopter schiessen? Es gibt zwei Varianten, wie geblitzt werden kann: Radarfalle und Lichtschranke. Die Radarfalle arbeitet mit elektromagnetischen Wellen. Sobald ein Auto in besagten Bereich fährt, reflektiert es die Strahlen. Wenn diese wieder am Gerät ankommen, kann es die Geschwindigkeit messen. Die Variante gilt im Strassenverkehr als nicht ganz zuverlässig. Die Lichtschranke sendet Lichtstrahlen aus. Anhand der Zeit, die das Fahrzeug zum Durchfahren dieses Bereichs benötigt, wird die Geschwindigkeit ermittelt. Wir wollen auf Nummer sicher gehen und probieren beide Varianten aus. Und tatsächlich: Mit 120 km/h blitzen wir den Helikopter einen halben Meter über dem Boden fliegend. Es sind ganz klar Pilot Andreas und Zuschauer Marcels Gesicht erkennbar. Sogar das Nummernschild können wir lesen!

Am Steuer sitzt Andreas Hennig, Fluglehrer und echter Helikopter-Profi.

Galileo-Zuschauer Marcel will nicht nur einen Blitz sehen, sondern auch das Foto haben!

TENNIS OHNE

Kann man im freien Fall wirklich Tennis spielen?

Galileo-Zuschauer Steven soll den Ausgang des Experiments live vor Ort miterleben können und darf als Passagier in einem Tandemsprung mitstarten. Es ist sein erster Sprung aus einem Flugzeug.

Damit der kleine Tennisball so schwer ist wie die Fallschirmspringer, wird er mit kleinen Stahlkugeln gefüllt.

Beim ersten Versuch ist der Ball zu schwer – er sinkt schneller als die beiden Fallschirmspringer.

Take-off

Bei etwa 4000 Meter Höhe springen die beiden aus dem Flugzeug. So haben sie etwa 50 Sekunden Zeit für das Experiment.

LIMITS

Gar nicht so einfach: In der Luft reicht schon eine falsche Bewegung, damit der Ball weg ist. Man muss ja hinfliegen, um ihn zu erwischen. Wenn das nicht klappt, dann fliegt er zwei oder drei Kilometer weiter.

Guter Pass

Galileo-Zuschauer Steven wollte wissen, ob man in freiem Fall Tennis spielen kann. Die beiden Profi-Fallschirmspringer Alex Wöhrle und Andi Helwig ließen sich auf den Versuch ein. Zunächst mussten wir den Tennisball mit kleinen Stahlkugeln befüllen, denn nur, wenn er in etwa das gleiche Gewicht hat wie die Springer, fällt er auch in der gleichen Geschwindigkeit. Das macht Sinn. Nach einigen Testanläufen geht es los. Mit Squash-Schlägern versuchen die beiden ihr Glück. Steven darf als Tandemspringer in der Luft vor Ort dabei sein. Vier Mal müssen die beiden während des 50-sekündigen Falls den Ball hin und her spielen. Beim dritten Versuch klappt es. Unglaublich: Tennis spielen im freien Fall ist möglich.

MATCH!

Beim dritten Fallschirmsprung klappt das Experiment: Die beiden spielen den Ball hin und her! Tennis spielen im freien Fall st also möglich.

KAMPF DER

Unter Aufsicht eines Waffenexperten und unter Einhaltung strengster Sicherheitsmaßnahmen wird dieses Experiment durchgeführt!
Wir falteten 160 einzelne Papierschuppen jeweils sieben Mal. Als einzelnes Blatt würde Papier sofort zerreißen, da die langen Fasern nur eine lockere Struktur bilden. Aber in mehreren Lagen wird es sehr widerstands-fähig. Dagegen wiegt alleine der Brustpanzer der Eisenrüstung schon so viel wie die ganze Papierrüstung.

Armbrust

Score 1:1 Metall vs. Papier

Allein zum Aufziehen der Armbrust benötigt Reporter Jan eine Zugkraft von 40 Kilogramm.

Mit 50 m/s trifft der Bolzen erst den Metallpanzer und dann die Papierrüstung. Beides kann er nicht durchdringen.

An der Papierrüstung prallt der Bolzen regelrecht ab. Das Papier verformt sich, wandelt die Energie in Bewegungsenergie um und verteilt sich dank der Schuppenbauweise.

Magnum 357

Die 357er Magnum schießt mit einer Geschwindigkeit von 1.400 km/h. Dem hält die Papierrüstung nicht stand.

Score 0:0 Metall vs. Papier

Aber auch der Metallpanzer erhält einen glatten Durchschuss. Das hätten wir nicht gedacht.

Feuer

MATERIALIEN

Papier oder Metall: Was hält mehr aus? Kann eine Papierrüstung Angriffen mit Messern, Geschossen und Feuer widerstehen?

Ungleicher Kampf

Vor Hunderten von Jahren bestanden in Asien Ritter-Rüstungen zum großen Teil aus Papier. Im Gegensatz zu den Rittern mit schweren Eisenrüstungen in Europa sollten die Samurai-Kämpfer so beweglicher bleiben. Beweglich ja, doch wie stabil ist so eine Rüstung aus Papier? Kann sie so viel aushalten wie eine mittelalterliche Metallrüstung? Schließlich hat Papier nur ein Zehntel der Dichte von Eisen. Wir bauten eine Rüstung aus Japanpapier nach und machen den ultimativen Belastungstest im Vergleich mit 800 Grad heißen Flammen, mittelalterlichen Waffen und einer 357er Magnum. Das Ergebnis: überraschend!

Schwert

core
:0
vs. Papier

Der Stich mit der Schwertspitze ist zu heftig für die Papierrüstung. Der Metallpanzer hingegen hält stand.

Score
0:0
Metall vs. Papier

Streitkolben

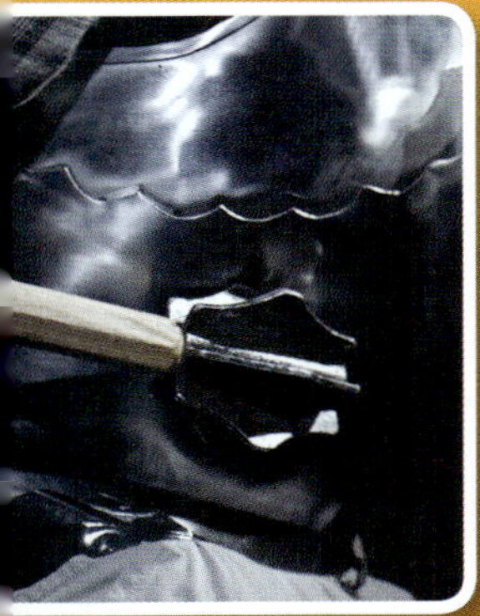

Der Eisenpanzer kann den Körper nicht gegen die Wucht der Schläge schützen. Schwere Verletzungen wären die Folge.

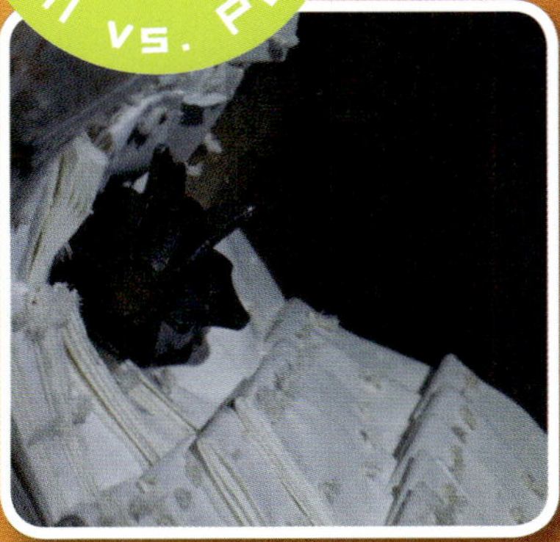

Oberflächlich schützt die Schuppenbauweise: Die Papierrüstung bleibt unversehrt. Aber den Brustkorb kann sie ebenfalls nicht vor den Schlägen schützen.

Score
2:2
Metall vs. Papier

Ein gerechtes 2:2. Während der Metallpanzer bei der Stichwaffe punkten konnte, überzeugte die Papierrüstung ausgerechnet beim Feuertest. Gegen Schusswaffen und Streitkolben waren beide machtlos.

Mit einem Flammenwerfer gehen wir auf den Metallpanzer los. Außen ist er unversehrt, aber die Innentemperatur liegt bei über 150 Grad.

Dann richten wir die Flamme auf die Papierrüstung. Papier und Feuer? Stimmt. Sie ist ganz schön mitgenommen.

Score
0:1
Metall vs. Papier

Aber aufgrund der engen Papierlagen speichert sie die Wärme nicht. Die Hitze verfliegt schnell, während Metall ein guter Wärmeleiter ist und die Hitze speichert.

KAPITEL 05

UNGEZÄHMTE NATUR

DIE EXPERIMENTE

ANALYSIS
SEARCH
SCANNING

URGEWALT

Wasser hat enorme Power. Beim Megastaudamm in Itaipu zwischen Paraguay und Brasilien prallen gewaltige Wassermassen auf die Staumauer und produzieren 14.000 Megawatt pro Jahr.

Profi-Schwimmer Jens krault gegen die Strömung. Bei einer Wassergeschwindigkeit von 5,5 km/h klappt das prima. Bei neun km/h wird es gefährlich.

1. Versuch

Aus einer großen Baggerschaufel fallen 1.000 Liter Wasser aus drei Metern auf ein Auto. Die Scheiben bersten. Je schneller Wasser wird, desto mehr Kraft entwickelt es.

2. Versuch

Der Mega-Bagger fasst mehr als 10.000 Liter Wasser. Gewicht: über zehn Tonnen. Aus zehn Metern Höhe prasselt es auf das Auto – 20 Minuten lang. Die Wellen spülen den Wagen vier Meter weit weg.

WASSER

Wie viel Wucht hat Wasser im freien Fall? Kann man mit Wasser Metall zerschneiden? Wie schwer ist es, flussaufwärts zu schwimmen?

Wasser ist mächtig

Wir wollen testen, welche Kräfte das Urelement Wasser hat. Die erste Frage: Welche Wucht entwickelt Wasser in freiem Fall? Wir lassen aus einem Bagger einen künstlichen Wasserfall auf ein Auto stürzen. Je nach Wassermenge und Fallhöhe entwickelt das Wasser eine zerstörerische Kraft – vergleichbar mit einem Überschlag bei vollem Tempo. Die nächste Frage: Wie schwer ist es, gegen die Strömung zu schwimmen? Wie befreit man sich aus einem Strudel? Schwimm-Europameister Jens Kruppa tritt an. Eine Strömung wie die in einem großen Fluss – kein Problem für Jens. Bei einer Strömung vergleichbar mit der Flut im Wattenmeer ist Schluss. Auch aus einem Strudel mit acht km/h befreit sich Jens nur mit Mühe. Letzte Frage: Welche Kraft steckt in Wasserdruck? Wir testen zwei Hochdruckreiniger und eine Wasserstrahlschneidemaschine. Die zerschneidet sogar Metall.

3. Versuch

Mit 130 Bar Wasserdruck arbeitet ein normaler Hochdruckreiniger. Ein Industriereiniger hat 2.500 Bar. Er durchbricht sogar gehärtetes Glas.

4. Versuch

Jetzt mit acht km/h und heftigen Strudeln. Jens kommt an seine Grenzen. Aus dem Strudel kann er sich nicht befreien.

Die Wasserstrahlschneidemaschine zerschneidet mit 3.800 Bar sogar Metall. Sie wird im Werkzeugbau eingesetzt. Allerdings hat sie einen Trick: Im Wasser ist ein Granulat enthalten, das sie durch das Metall schießt.

EISKALTE

Wie gefährlich sind herunterfallende Eiszapfen? Können sie sogar tödlich sein?

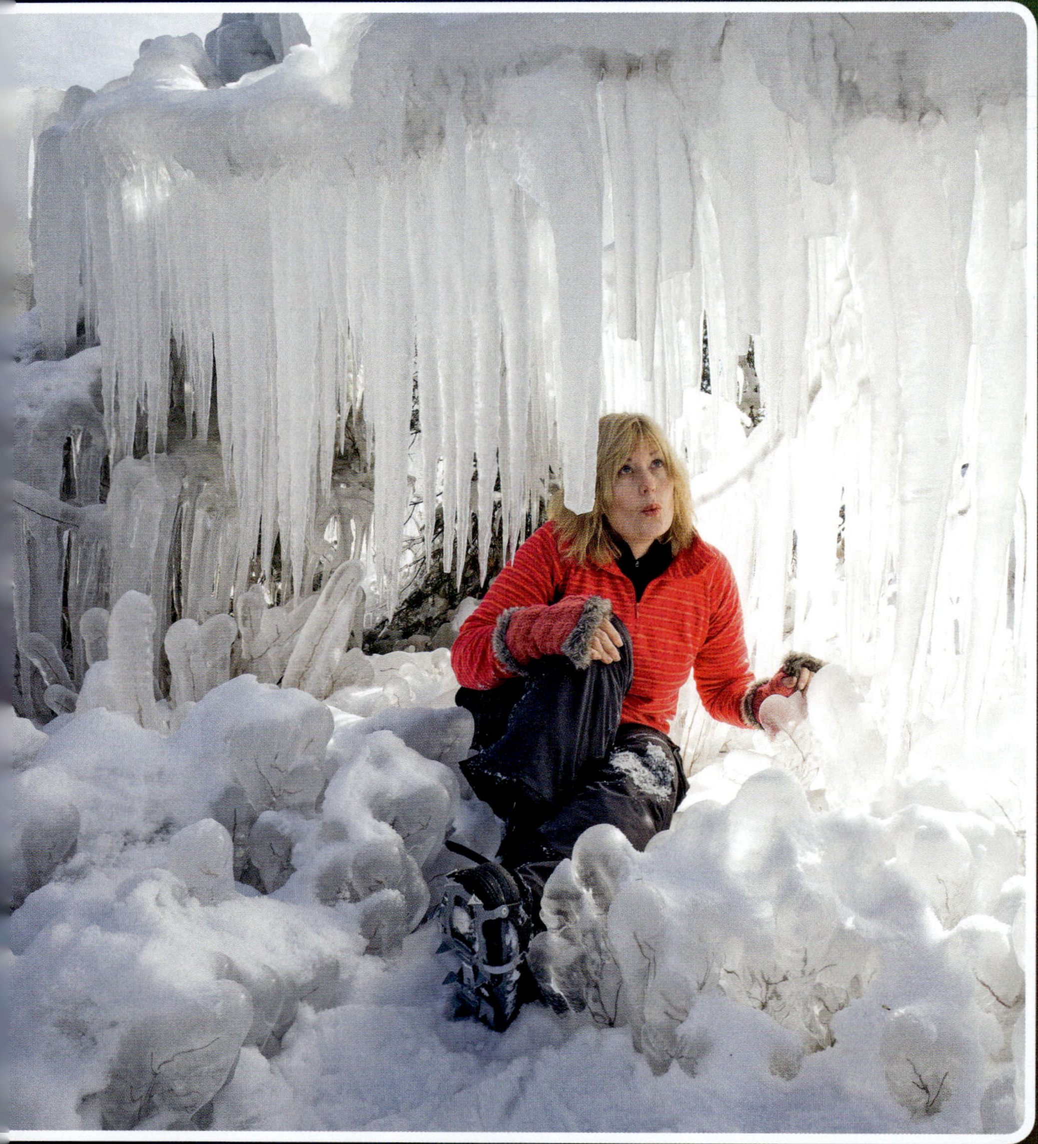

Eiszapfen sehen wunderschön aus – leider sind sie vor allem bei Tauwetter nicht ganz ungefährlich. Von der Sonne geschmolzen, können sie leicht herunterfallen und schweren Schaden anrichten.

Im ersten Versuch lassen wir einen etwa zwei Kilogramm schweren Eiszapfen auf ein Autodach fallen. Man sieht eine deutliche Delle.

Da wir für den Versuch keinen Menschen nehmen wollen, muss eine Schweineschulter vom Metzger herhalten. Es sind ganz klar Quetschungen zu sehen.

GEFAHR

Wird die Schweineschulter aus zehn Metern Höhe getroffen, sieht es schon anders aus. Der Aufprall mit zirka 50 km/h verursacht bereits blutige Flecken und starke Quetschungen.

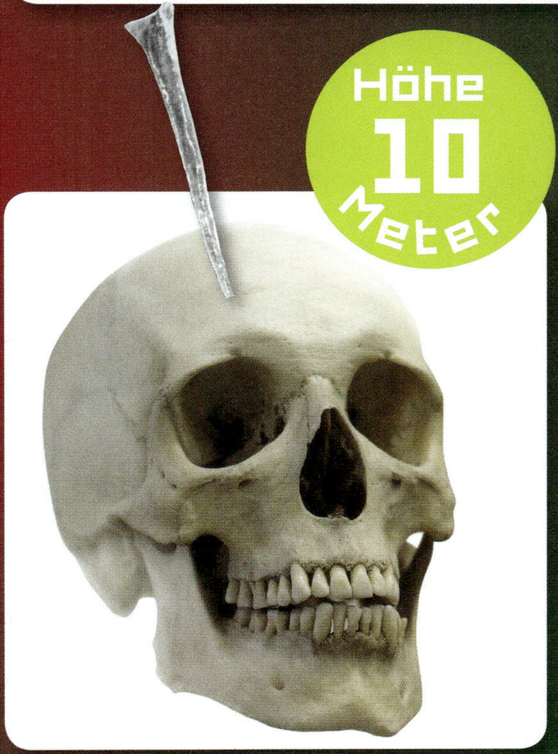

Ob das ein menschlicher Knochen aushält? Tatsächlich durchschlägt der Eiszapfen in unserem Experiment den Knochen nicht. Aber lebensgefährlich kann der Treffer trotzdem sein.

Scharfe Eiszapfen

Galileo-Zuschauer Dominik wollte wissen, ob herunterfallende Eiszapfen wirklich gefährlich, ja sogar tödlich sein können. Für das Experiment lassen wir mittels einer Hebebühne Eiszapfen aus verschiedenen Höhen auf unterschiedliche Dinge fallen. Dabei starten wir jeweils mit fünf Metern Höhe und erhöhen die Fallhöhe dann auf zehn Meter. Ein etwa zwei Kilogramm schwerer Eiszapfen verursacht schon bei fünf Metern kleine Dellen und geringfügige Quetschungen. Bei zehn Metern entwickelt der Eiszapfen für den Bruchteil einer Sekunde eine Wucht von fast 400 Kilogramm. Das reicht aus, um im ungünstigsten Fall ein schweres Hirntrauma auszulösen.

ALLEIN UNTER

Piranhas leben eigentlich am Amazonas. Während der Trockenzeit finden sie wenig Nahrung. Der Hunger macht sie zu aggressiven Raubfischen und lässt sie sogar über ihre eigenen Artgenossen herfallen.

Die Piranhas fallen blitzartig über die Futterfische her. Sekunden später ist nur noch der Angelhaken zu sehen.

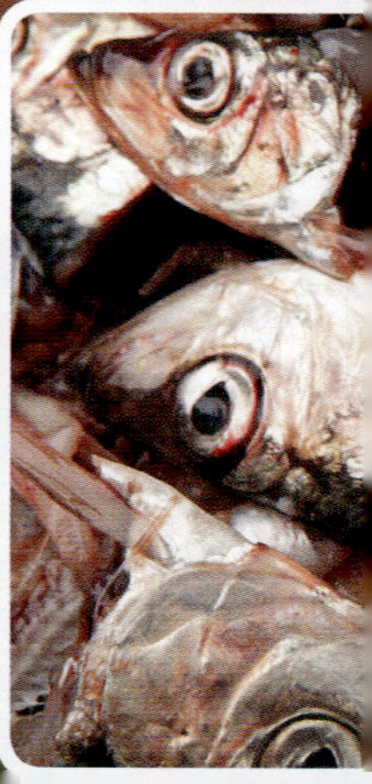

PIRANHAS

Wie gefährlich sind Piranhas für den Menschen? Kann man unbeschadet unter ihnen schwimmen?

Reporterin Berit wird über das Verletzungsrisiko ihres Selbstversuchs aufgeklärt. Alle sind äußerst angespannt.

Zubeißen möglich

Reporterin Berit will in ein Piranha-Becken mit 208 Raubtieren steigen, um zu testen, wie gefährlich die Tiere für den Menschen sind. Natürlich haben wir einen Notarzt vor Ort. Außerdem wird Berit mit einem Klettergurt und einem Seil gesichert, um sie im Notfall sofort herausziehen zu können. Beim ersten Versuch schwimmt Berit schnell in die Mitte des Beckens – die Fische verhalten sich ruhig. Nach kurzer Pause will Berit den Blutrausch der Tiere aus der Nähe betrachten. Sie steigt wieder in das Becken, und nun werden die Piranhas gefüttert. Blitzartig beißen die Tiere zu – jetzt ist das Risiko hoch, dass sie auch Berit angreifen. Doch alles geht gut, Berit kann das Becken unversehrt verlassen. Von uns erhält sie einen Mut-Orden!

Sobald ein Piranha Blut wittert, greift er an. Dann folgt ihm der gesamte Schwarm und beißt hemmungslos zu.

30 versetzt ineinander greifende, sechs Millimeter lange Zähne mit rasierklingenscharfen Kanten bilden eine Art Säge. Piranhas können ihren Kiefer sehr weit aufklappen und so große Fleischstücke herausreißen.

IM AUGE DES

Wie viel Sturm hält ein Mensch überhaupt aus? Wo ist die Schmerzgrenze?

Ab 75 km/h oder Windstärke 9 spricht man von Sturm. Dann werden einem Gegenstände aus der Hand gerissen und durch die Luft gewirbelt.

Der 24 Meter lange Tieflader fungiert als Windmaschine. Wir schnallen Reporter Dennis und Extrem-Sportler Wim für das Experiment auf der Ladefläche fest.

Die größte Gefahr für den Menschen beim Sturm liegt im Auskühlen des Körpers. Der Körper konzentriert sich dann darauf, die lebenswichtigen Organe warm zu halten. Hände, Füße un Ohren werden kalt. Die Körpertemperatur darf aber nicht unte 32 Grad fallen.

STURMS

Wir kontrollieren regelmäßig den Puls. Normal liegt er zwischen 60 und 65. Wird es zu kalt, muss der Körper dagegen anheizen – der Puls steigt an.

Hart im Nehmen

Wir testen die Widerstandsfähigkeit von Kälte-Profi und Extrem-Sportler Wim Hof und von Reporter Dennis gegen normalen Sturm bis hin zum Orkan. Bei Windstärken von 9 bis 11 und unterschiedlicher Außentemperatur überprüfen wir ihre körperlichen Reaktionen und ihre Ausdauer. Den normalen Sturm halten beide gut aus. Die leichte Unterkühlung ist schnell vorbei. Windstärke 10 im Klima-Wind-Kanal macht Dennis schon mehr zu schaffen. Wim ist mental besser gerüstet und spürt Kälte und Wind daher nicht so stark, obwohl sein Körper die gleichen Symptome zeigt. Den Orkan mit Windstärke 11 hält Dennis nur vier Minuten aus, er kann sich kaum noch auf den Beinen halten. Wim will es wissen, trotz seines eisernen Willens brechen unsere Ärzte nach 13 Minuten ab.

Bei Unterkühlung muss man den Körper langsam anwärmen. Ein heißes Bad kann leicht zum Kreislaufkollaps führen. Am besten hilft ein heißer Tee.

Bei Regen fühlt sich der Sturm noch viel kälter an, denn Wasser leitet die Wärme schneller ab als Luft. Außerdem fühlen sich die Regentropfen bei starkem Wind auf der Haut an wie Nadelstiche.

IN DER WEITE DER WÜSTE

Schafft es Reporter Jan, sich in der größten Wüste der Welt zurechtzufinden? Wie überlebt er zwei Tage mitten im Sand?

Die Beduinen orientieren sich an den Dünen. Der Wind in der Sahara kommt immer von Nordosten, also ist diese Seite der Düne immer sanft abgerundet.

Lebensretter Turban

Ein Wüstenbewohner verlässt das Haus niemals ohne Turban. Denn eine Kopfbedeckung ist in der Wüste sogar wichtiger als Wasser! Die extreme Sonneneinstrahlung erhitzt das Gehirn. Die Folge: Ein Sonnenstich und bald darauf eine tödliche Hirnschwellung, in nur wenigen Stunden. Ein Turban besteht meist aus einem langen Stoffstreifen, der mehrfach um den Kopf geschlungen wird. Die verschiedenen Schichten sorgen für Luftzirkulation.

Für zwei Tage braucht Jan 15 Liter Wasser. Zu schwer zum Tragen – wir versorgen ihn mit Nachschub.

Der Beduine Muftea Ben Frej gibt Reporter Jan Tipps, wie er sich in der Wüste orientieren kann und ein sicheres Nachtlager findet.

Fünf Kilometer soll Jan allein durch die Wüste laufen und sich dabei zurechtfinden. Dafür braucht er zwei Tage und eine Nacht.

Jan gegen die Wüste

Die Sahara – die größte Wüste der Welt. Neun Millionen Quadratkilometer Sand, kein Wasser, giftige Tiere und Temperaturen von bis zu 60 Grad. Dort leben Menschen, welche die extremen Bedingungen gewohnt sind. Aber schafft das auch ein Europäer? Reporter Jan wagt das Experiment: Fünf Kilometer durch die Wüste laufen und dabei die Orientierung behalten – und das mitten im Hochsommer. Vor Ort trifft er den Beduinen Muftea Ben Frej, der seinen Marsch durch die Wüste begleitet. Selbstverständlich wird Jan alle drei Stunden mit Wasser versorgt und immer wieder auf seine Leistungsfähigkeit hin kontrolliert. Am zweiten Tag kommt Jan nahe an seine Grenzen, aber am Ende schafft er es wohlbehalten ins Ziel. Hitze-Experiment bestanden!

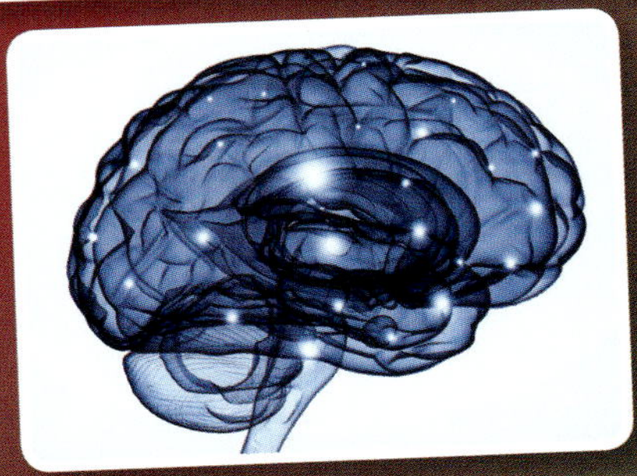

Bei extremer Überhitzung droht ein Hitzschlag. Das Gehirn wird immer weniger leistungsfähig, da es schlechter mit Sauerstoff versorgt wird.

Vor allem nachts kommen die Tiere der Wüste zum Vorschein: Schlangen, Sandwürmer und Schakale. Zum Schlafen legt man sich am besten in einen Graben, um den Nacken zu schützen. Sonst könnte ein Schakal von hinten angreifen.

KRALLEN GEGEN

Der Vogel: Steinadler Sky

Der vierjährige Sky hat eine Flügelspannweite von zwei Metern und wiegt dabei nur 3,5 Kilogramm. Ohne Problem jagt seine Art in freier Wildbahn Tiere bis zur Rehgröße. Die zwei Scharfschützen Thomas Brand und Manfred Vogel sind Scharfschützen bei der Bundeswehr. Ein guter Schütze kann auf 700 Meter noch den Kopf eines Vogels treffen.

Score 2,15 Minuten

In einem Zeppelin wird Sky auf Flughöhe und in die gleiche Zieldistanz wie die Sniper gebracht. Damit auch alles unter fairen Bedingungen stattfindet.

Ein Adler erreicht 300 km/h im Sturzflug. Eine Kugel hingegen ist elf Mal schneller.

KUGEL

Wer jagt effektiver auf einer weiten Wiese: Mensch oder Adler?

Die Menschen: Thomas Brand und Manfred Vogel

Scharfschützen agieren immer im Zweierteam. Gut getarnt gibt der Beobachter den Zielort an und der Schütze schießt.

Das 600 Meter entfernte Hasenfell ist nicht so leicht zu erkennen in einer zwei Hektar großen Wiese.

Sieg für das Tierreich: Adler Sky senkt seine Krallen nach zwei Minuten 15 Sekunden in das Hasenfell.

Verblüffende Sehkraft

Ein Adler sieht acht Mal besser als ein Mensch. Außerdem verfügt er über zwei spezielle Extras: Er sieht auch im ultravioletten Farbspektrum und kann so Spuren seiner Beute wie Blut, Schweiß oder Urin ausmachen. Eine Zoom-in-Funktion ermöglicht es ihm, Bildausschnitte größer heranzuholen. Auf zwei Kilometer Distanz sieht ein Adler noch eine aufrechte Zigarettenschachtel. Was der Adler an Sehstärke zu bieten hat, machen die Sniper mit Geschwindigkeit wett. Haben Thomas und Manfred ihr Ziel erst einmal erfasst, ist ihre Kugel elf Mal schneller als der Adler im Sturzflug. Doch eine kleine Windböe bringt das Geschoss aus seiner Flugbahn. Das Nachladen kostet Zeit – und so trägt der Adler das Hasenfell als Sieger davon.

HUFE GEGEN

Ein Rennen über 100 Kilometer zwischen einem Ultramarathon-Läufer und einem Rennpferd.

Das Pferd: Chagard mit Reiterin Belinda

Chagard ist ein Langdistanzpferd, während ein normales Pferd nur 40 Kilometer schafft, bewältigt Chagard 160 Kilometer ohne Problem.

Der Mensch: Rainer Koch

Einer der besten Ultramarathon-Läufer der Welt. Sein größter Erfolg: Das „Trans America Footrace" von Los Angeles nach New York, ein Lauf über 5.200 Kilometer.

FÜSSE

Wer ist schneller auf eine Distanz von 100 Kilometer: Mensch oder Pferd?

Für Rainer ist das Rennen eine besondere Herausforderung, denn er wird nur gegen sich selbst laufen. Seine Gegnerin wird die meiste Zeit außer Sichtweite sein.

Des einen Pech ist des anderen Glück: Unterwegs muss Chagard neu beschlagen werden und Rainer kann aufholen.

Die Sporen geben

Für Ultramarathonläufer Rainer Koch ist ein Marathon nicht genug. In diesem Extremrennen muss er 2,5 Mal eine Marathonstrecke bewältigen. Bei einer solchen Distanz ist der Energieverbrauch riesig. In einem Marathon verbraucht der Mensch zirka 5.000 bis 6.000 Kalorien. Um weiterrennen zu können, muss er ständig Zucker zuführen. Chagard muss nach den Regeln für Pferdelangdistanzrennen zwei Mal eine Pause von 45 Minuten einlegen. Dort wird er von einer Tierärztin durchgecheckt. Falls Puls und Atmung über einen bestimmten Wert wären, müsste er sogar noch länger pausieren. Zwar überholt Rainer das Pferd nach 60 Kilometern beim Pflichtstopp, doch leider reicht der Vorsprung nicht bis zum Sieg. Chagard hat die schnelleren Hufe.

Belinda ist mit Chagard schon oft Rennen bis 160 Kilometer geritten.

BEINCHEN GEGEN

Die Spinne: Nephila

Eine Seidenspinne dieser Art kann Netze bis zu zwei Quadratmetern spinnen.

Volker Paarmann ist Netzstricker und in seinem Betrieb einer der Schnellsten. Er sagt von sich, er webe schneller als eine Spinne.

Dass das Netz fertig ist, erkennt man daran, dass die Nephila in der Mitte thront.

Volker schafft 90 Knoten in 15 Minuten. Sein Netz ist elf Quadratmeter groß geworden.

FINGER

Wer webt sein Netz schneller: Mensch oder Spinne?

Webekünstler

Im Netzespinnen sind Spinnen die unangefochtenen Meister, würde man meinen. Doch Volker Paarmann hat als Netzstricker auch ziemlich flinke Finger. Er will seine achtbeinige Gegnerin zu einem Webe-Wettkampf herausfordern. Der Größenunterschied zwischen Volker und der Spinne ist enorm, deshalb muss sein Netz natürlich auch entsprechend größer sein als das der Spinne. Er schafft zirka einen Quadratmeter in einer Stunde. Die Spinne hat den Vorteil, dass sie nicht knoten muss, sondern die Fäden mit Spinnenproteinen zusammenklebt. Nach fünf Stunden steht der Sieger fest. Die Nephila hat ein relativ kleines Netz von 0,75 Quadratmetern gewebt – Volker hingegen ganze elf Quadratmeter. Der Netzstricker triumphiert.

Der Mensch: Volker Paarmann

EINE NEUE

Nach nur 14 Tagen ohne Sonne wäre Deutschland schneebedeckt bei minus 15 Grad. Nach einem Jahr wären es minus 80 Grad. Nach zehn Jahren verwandelt sich die Erde in einen Eisball bei minus 120 Grad.

Was wäre, wenn die Sonne für immer erlischt?! Während einer Sonnenfinsternis erhält man jeweils eine Vorstellung davon, wie sich das anfühlen könnte.

Ohne Photosynthese können die meisten Pflanzen nicht überleben. Einzig Pilze können sich von organischem und mineralischem Material ernähren.

EISZEIT

Wie könnte die Menschheit nicht auf einem blauen, sondern einem weißen Planeten überleben?

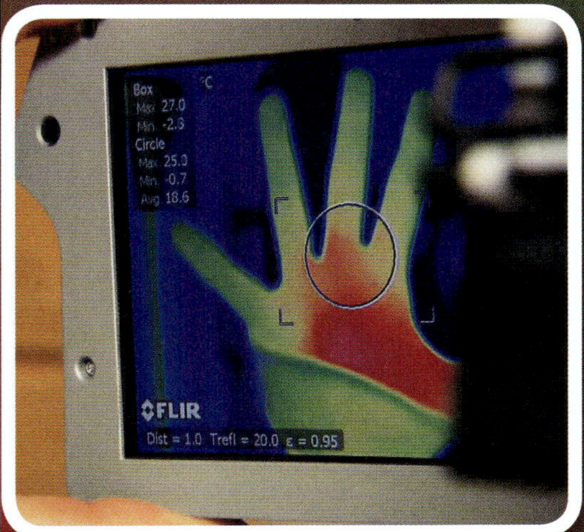

Im Ice-Lab macht Reporter Jan den Test: Wie lange hält es ein Mensch bei minus 110 Grad aus?

Ewige Dunkelheit

Es ist ein spannendes und gleichzeitig furchteinflößendes Gedankenexperiment, das wir wagen. Was würde mit unserem Planeten passieren, wenn die Sonne erlischt? Erstaunlicherweise die ersten acht Minuten gar nichts. Denn das Licht von der Sonne muss erst die 150 Millionen Kilometer bis zur Erde zurücklegen. Mutmaßlich werden die Menschen in Panik ausbrechen. Danach bricht das Handynetz zusammen, die Straßen überlasten. Jegliche Navigationssysteme fallen aus, da die Satelliten über Solarpanele von der Sonne gespeist wurden. Innerhalb von zehn Tagen sterben alle Blühpflanzen ab, Laub- und Nadelbäume folgen. Damit beginnt die Herrschaft der Pilze, denn sie ernähren sich von organischem und mineralischem Material aus dem Boden und wachsen auch in absoluter Dunkelheit. Wenn die Erde zu einem Eisball wird, dann herrschen minus 120 Grad. Reporter Jan hat sich im Ice-Lab diesen Temperaturen ausgesetzt. Mit Expeditionsanzug, wie sie Polarforscher tragen, schafft er es in fünf Stunden bis auf minus 90 Grad Kälte. Das ist zwar eine ordentliche Leistung, aber Menschen könnten bei diesen Temperaturen trotzdem nicht überleben. Die einzige Chance der Menschheit wäre es, möglichst nah an den Erdkern zu kommen und dort ein neues Leben zu beginnen. Auch Island mit seinen heißen Quellen kann Leben retten. Ob der Mensch eine Eiszeit überleben würde, ist unklar, doch das Leben hat noch immer einen Weg gefunden.

KAPITEL 06

REALITÄTSCHECK

DIE EXPERIMENTE

»» VERLIEBT IN 36 FRAGEN
»» DIE (UN)MÖGLICHE FLUCHT
»» IN 63 STUNDEN UM DIE WELT
»» BEWEGUNGSMELDER-DUELL
»» BERÜCHTIGTE KLEBEZUNGE
»» POPCORN IM TROCKNER
»» HOUSTON, WIR HABEN EINEN STUHL
»» TISCHLEIN DECK DICH AB
»» GIGANTISCHE RAUCHRINGE
»» DIE RESONANZ-KATASTROPHE
»» WIE EIN GUMMIBALL

ANALYSIS
SEARCH
SCANNING
-SHOW BUSINESS
-NETWORK
-MUSIC
-CINEMA
-BUSINESS/FINANCE
-WORLD NEWS
-INTERNET
-LIVE CHAT
-MEDIA
-PHOTOS
-VIDEOS
-MUSIC

VERLIEBT IN

LIEBE IN
36
FRAGEN
DIE 36 FRAGEN:
1. Wenn du dir eine Person auf der Welt aussuchen könntest: Wen hättest du gern zum Abendessen?
2. Wärst du gerne berühmt? Auf welche Art?
Hast du jemals einstudiert, was du am Telefon sagen willst, bevor du jemand
Warum?
perfekten Tag beschreiben?
gesungen? Für jemand anderen?

Der Aufbau der Fragen steigert langsam den Intimitätslevel. So steigt die Chance, dass der Körper mit Verliebtheit reagiert.

Wir beobachten das Experiment mit einem Psychologen und einem Experten für Körpersprache.

36 FRAGEN

Reichen 36 Fragen und vier Minuten Blickkontakt, damit zwei Menschen sich verlieben?

Zwischen Adrian und Dilara läuft es gut. In der Zeit nach dem Interview schreiben sie sich täglich.

Die Formel zum Verlieben

Mit 20 Galileo-Zuschauern wollten wir testen, ob sich zwei wildfremde Menschen nach der Beantwortung von 36 Fragen wirklich ineinander verlieben können. Die Fragen stammen aus einem Experiment über zwischenmenschliche Intimität vom US-Sozialpsychologen Arthur Aron aus dem Jahr 1997. Dabei hatten sich zahlreiche Probanden ineinander verliebt, obwohl das gar nicht geplant war. Blogger hatten das Experiment wiederholt – mit demselben Ergebnis. Nun wollten wir das genau wissen. Unter Beobachtung zweier Profis für Körpersprache und Psychologie ließen wir zufällig ausgewählte Paare aufeinandertreffen und die 36 Fragen beantworten. Das Ergebnis war überraschend. Alle Pärchen sind sich über die Fragerunde überraschend nahe gekommen. Aus einigen sind sehr gute Freunde geworden, und bei manchen hat es ganz schön geknistert. Dennoch lässt das Experiment nicht automatisch Liebe entstehen. Das wäre dann doch zu einfach.

Bei Tim und Valeria hat es gefunkt, aber leider nur einseitig. Tim hätte nach dem Interview auf jeden Fall Potenzial für eine Beziehung zwischen ihnen beiden gesehen.

Bei Philipp und Alina stimmt die Chemie. Sie kommen sich näher, und ihre Spiegelneuronen sind voll aufeinander eingeschossen.

REALITÄTSCHECK

DIE (UN)MÖGLICHE FLUCHT

Ist die Flucht aus Alcatraz wirklich unmöglich? Ist „The Rock“ nach wie vor das ausbruchsicherste Gefängnis der Welt?

Alcatraz – mythenumranktes Gefängnis auf einer Insel im Golf von San Francisco. Nur 1.500 Meter vom Festland entfernt, und dennoch ist angeblich nie jemandem die Flucht gelungen.

In der Bucht von San Francisco tummeln sich jede Menge Haie. Ein weiterer Grund, warum niemand daran glaubt, dass die Flucht gelingt.

Unberechenbare Strömungen und das eiskalte Wasser des Pazifiks machen eine Flucht fast unmöglich.

Eine Gruppe junger indigener Studenten hatte die Insel 1969 als Protest gegen die US-Politik im Hinblick auf die amerikanischen Ureinwohner besetzt und gefordert, dort eine indigene Bildungseinrichtung zu errichten.

Nichts wie weg

Alcatraz war bis 1963 eines der berüchtigsten Hochsicherheitsgefängnisse der USA. Auch Al Capone saß hier vier Jahre lang hinter Gittern. Eine Flucht galt als unmöglich. Die Strömung in der Bucht von San Francisco ist gefährlich und unberechenbar, das Wasser des Pazifiks ist zu kalt und die Bucht von Haien bevölkert. Die Gefangenen waren gesundheitlich angeschlagen. Es gibt niemanden, dem die Flucht ans Festland nachweislich geglückt wäre. Reporter Harro möchte es dennoch versuchen. Er besucht das Gefängnis und kämpft sich auf dem alten Fluchtweg des Bankräubers Frank Morris aufs Dach des Gebäudes und dann hinunter ans Meer. Mit Strömungsexperte Bob im Begleitboot schwimmt er durch die Bucht. Trotz Kälte, Krämpfen und Erschöpfung hält er durch. Von Begegnungen mit Haien blieb er verschont. Obwohl ihn die Strömung zwei Kilometer weit nach Westen abtreibt, kommt er nach 37 Minuten am Festland an. Das Unmögliche ist ihm geglückt.

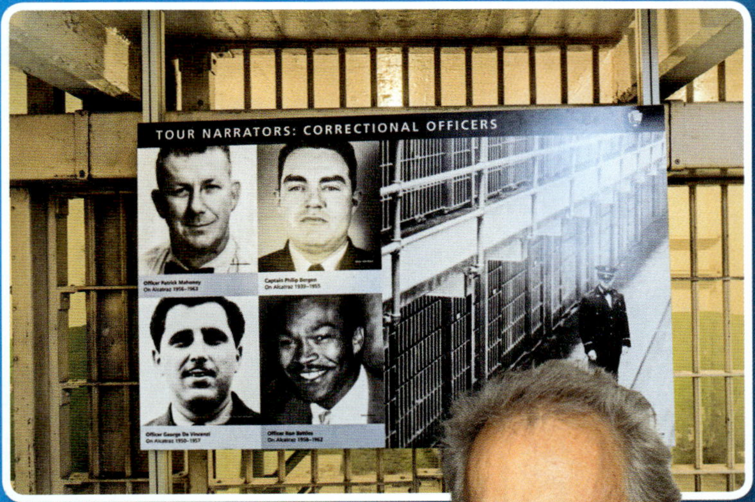

Der spektakulärste Ausbruch von Alcatraz gelang dem Bankräuber Frank Morris. Er entkam 1962 mit seinen Komplizen. Ob sie das Festland lebend erreicht haben, bleibt ungeklärt. Sie wurden nie gefunden. Die Geschichte wurde später mit Clint Eastwood verfilmt.

Die Zellen in Alcatraz modrig und feucht, das Essen karg. Die Gefangenen waren zu schwach, um zum Festland zu schwimmen.

Harro gelingt das scheinbar Unmögliche: Nach 37 Minuten erreicht er das Festland, obwohl die heftige Strömung ihn zwei Kilometer nach Westen abgetrieben hat, trotz Kälte, Krämpfen und Erschöpfung. Einem Hai ist er zum Glück nicht begegnet.

REALITÄTSCHECK

IN 63 STUNDEN

Mit Verkehrsflugzeugen in weniger als 3 Tagen um die Welt? Unser Moderator Aiman wagt es.

Nordpol

18 Stunden Flug, 17.647 Kilometer und 13 Zeitzonen liegen zwischen Start in New York und Landung in Singapur.

München

Start des großen Galileo-Experiments ist in München. Moderator Aiman startet zu seiner Reise um die Welt – in 63 Stunden!

New York

UM DIE WELT

Vier Mal schnelles Umsteigen

Es war schon immer ein Traum der Menschheit, die Welt zu umrunden. Der französiche Autor Jules Verne lässt seine Romanhelden in 80 Tagen um die Welt reisen. Seither versuchen Abenteurer wie besessen diese Vision immer schneller zu realisieren. So auch unser Moderator Aiman: Er fliegt in 63 Stunden mit gängigen Verkehrsflugzeugen um die Welt. Zwischen den vier Umsteigevorgängen hat er genug Zeit zu schlafen. Dort ist er nicht der Einzige, denn auch Flugpersonal muss sich ausruhen. Sie schlafen in eigenen Personalkojen mit sechs Betten. Geschlafen wird hier im Drei-Schicht-Betrieb. Träumen über den Wolken. Und dann heißt es: nächste Station. Das Reisen hört nie wirklich auf.

In 6 Zeitzonen und 12 Stunden ist Aiman zuhause. 36.870 Kilometer weit hat ihn diese Reise gebracht.

Singapur

Bangkok

BEWEGUNGSMELDER

Die Infrarot-Kamera funktioniert ähnlich wie eine Wärmebildkamera. Der Sensor scannt permanent die Wärmestrahlung in seinem Überwachungsbereich.

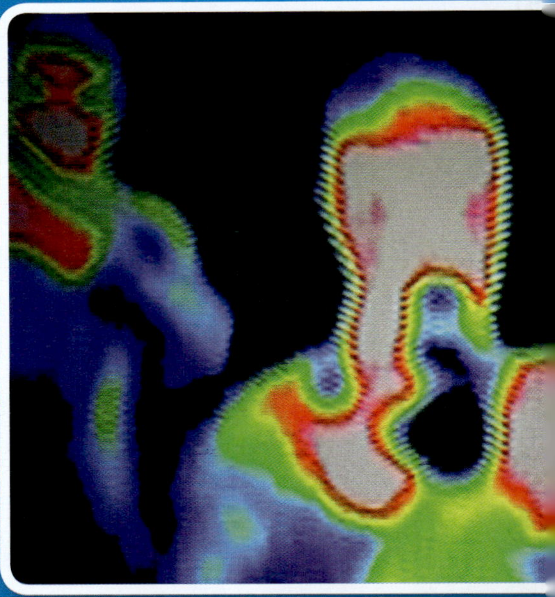

Der Spezial-Anzug zu Eistauchen soll die Körperwärme speichern, dennoch dringt immer noch genug nach außen, um von der Kamera erfasst zu werden. Der Bewegungsmelder lässt sich jedoch nicht beirren.

Der Hitzeschutzanzug lässt zwar keine Hitze eindringen, gibt aber Körperwärme nach außen ab. Keine Chance gegen den Bewegungsmelder.

Unglaublich: Die Glasscheibe wirkt quasi wie eine Tarnkappe. Sie absorbiert die Körperwärme komplett und der Bewegungsmelder erkennt Jan nicht.

-DUELL

Sind Bewegungsmelder eigentlich wirklich sicher? Oder kann man sie doch einfach austricksen?

Gegen die Infrarot-Strahlung will sich Jan abschirmen. Das Laken reicht nicht aus ...

... auch die Alufolie absorbiert nur 85 Prozent der Wärme. Nicht genug für die empfindliche Kamera.

Mensch gegen Bewegungsmelder

Viele haben zuhause Bewegungsmelder installiert, um sich vor unliebsamen Besuch zu schützen. Reporter Jan wollte wissen, ob man mit einem Bewegungsmelder wirklich sicher ist oder ob er sich doch überlisten lässt. In einer leeren Fabrikhalle installieren wir einen handelsüblichen Infrarot-Bewegungsmelder, der mit einer Alarmanlage verbunden wird. Unser Experte markiert das Spielfeld für unser Experiment mit zwei Ein- und Ausgängen. Jan versucht die unterschiedlichsten Methoden: Schleichen, Tarnen oder brachiale Gewalt. Die sensible Kamera misst permanent die Wärmestrahlung in ihrem Überwachungsbereich und registriert auch kleinste Temperaturunterschiede. Nur hinter Glas bleibt Jan unentdeckt.

Nun versucht Reporter Jan es mit einer Paintball-Pistole. Aber selbst die Farbe auf dem Sensor verändert die Temperatur und löst so den Alarm aus.

BERÜCHTIGTE

Leckt man mit der Zunge an einem Eisblock, bleibt sie kleben – aber nur kurz. Der Speichel friert am Eis an, aber da die Zunge warm ist, erwärmt sie den Speichel wieder. Der Eisblock taut, und die Zunge löst sich.

Wir starten das Experiment mit einem Eisblock. Dann erst wagen wir uns an die Eisenstange eines Verkehrsschilds.

Wir machen unseren Versuch in der Kühlkammer einer Eisfabrik bei minus 20 Grad, damit es wirklich kalt genug ist.

KLEBEZUNGE

Stimmt es, dass man bei großer Kälte mit der Zunge an einer Eisenstange festklebt?

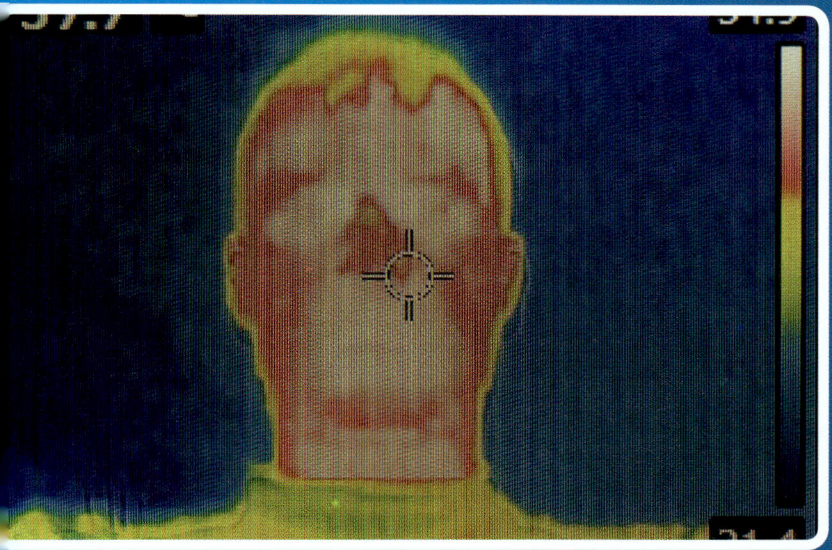

Mit der Wärmebildkamera erfassen wir die Temperatur von Reporterin Funda und ihrer Umgebung. Rot steht für Hitze, Blau für Kälte. Man sieht, Fundas Gesicht ist warm, außenrum ist es kalt.

Festgefroren

Galileo-Zuschauer Franz will wissen, ob man wirklich bei Kälte mit der Zunge an einer Metallstange kleben bleiben kann, oder ob das nur ein Film-Gag ist. Wir probieren es aus. In der Kühlkammer einer Eisfabrik sind es minus 20 Grad. Wenn nicht hier, wo dann? Wir dokumentieren den Versuch mit einer Wärmebildkamera. Franz und Reporterin Funda wagen sich an das Experiment. Zunächst versuchen wir es mit einem Eisblock und dann mit der Eisenstange eines Verkehrsschilds. Beide haben deutlich unter 0 Grad. Franz' Zunge bleibt nur kurz am Eisblock kleben. Die Zunge erwärmt den Speichel wieder, und die Zunge löst sich. Fundas Zunge klebt hingegen an der Eisenstange fest. Erst warmes Wasser löst ihre Zunge wieder. Da die Eisenstange nicht schmelzen kann wie das Eis, nutzt die Wärme der Zunge hier nichts.

Erst mit sehr warmem Wasser kann die Zunge wieder von der Eisenstange gelöst werden.

POPCORN IM

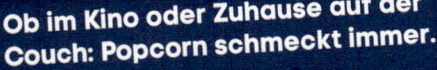

Ob im Kino oder Zuhause auf der Couch: Popcorn schmeckt immer.

TROCKNER

Mikrowellen-Popcorn kennt jeder, aber kann man die Maiskörner auch in einem Wäschetrockner zum Poppen bringen?

Im Waschsalon stehen sie Reihe an Reihe: Der Wäschetrockner bläst heiße Luft in die Trommel und trocknet so die Wäsche bei 80 Grad.

Eine Ladung Popcorn, bitte

Die Schwester von Galileo-Zuschauer Nico isst fürs Leben gerne Popcorn. Eines Tages meinte der Papa, dass man das doch im Trockner machen könne. Wahrscheinlich weil die Schwester das lecker Popcorn in solchen rohen Mengen verschlang. Reporterin Funda und Nico machen den Test. Im Waschsalon wollen sie das Popcorn im Wäschetrockner erhitzen. Denn die Popcornmaschine macht auch nichts anderes, als mit heißer Luft zu arbeiten. Doch das Wäschetrockner-Experiment klappt nicht. Die Körner wollen einfach nicht aufpoppen. Funda weiß Rat: Ein Bügeleisen wird viel heißer – bis zu 230 Grad. So wird die unkonventionelle Popcorn-Herstellung Realität.

Damit aus Maiskörnern Popcorn wird, müssen sie unbeschädigt sein. Für unser Experiment verwenden wir besonders vorsichtig geernteten Mais.

Maiskörner werden zu Popcorn, weil die Feuchtigkeit im Innern verdampft und so die Schale sprengt. Bei über 200 Grad quillt die Stärke heraus.

HOUSTON, WIR
EINEN STUHL

An Ösen wird die Aufhängung für den Ballon montiert. Der Wetterballon wird mit 3.500 Liter Helium befüllt. In mehr als 30.000 Metern Höhe soll er dann platzen. Dann hat der Ballon aufgrund des geringeren Luftdrucks die Ausmaße eines Einfamilienhauses.

Beim Start auf dem Feld darf sich die aufwendige Schnürkonstruktion für die Kameras nicht verheddern.

HABEN

Kann man einen Stuhl wirklich durch den Weltraum fliegen lassen? Oder ist das getürkt?

Der Stuhl im All

Reporterin Dionne traut ihren Augen nicht, als sie ein Video entdeckt, auf dem ein Stuhl durchs All fliegt. Ist das real oder animiert? Es ist echt: In knapp 30.000 Metern Höhe schwebt der Stuhl durchs All. Dionne möchte das auch ausprobieren und ihren Stuhl noch weiter ins All schicken. Ingenieur Claus von Oertzen baut uns einen federleichten Stuhl aus Styropor. Alles andere wäre zu schwer für das Experiment. Die Bundeswehr hat einen Wetterballon für den Versuch zur Verfügung gestellt, daher darf der Versuchsaufbau zusammen mit Kameras, Batterien, Halterungen und GPS-Sender nicht mehr als 1,5 Kilogramm wiegen. Der Stuhl wird so befestigt, dass er genau vor den Kameras hängt. Der Ballon wird mit 3.500 Liter Helium befüllt, und los geht's. Der erste Versuch scheitert, die GPS-Sonde löst sich vom Aufbau und kommt allein zur Erde zurück. Beim zweiten Anlauf gelingt unser Versuch. Die wunderschönen Bilder zeigen den Stuhl im All in 32.500 Metern Höhe.

Langsam steigt der Stuhl mit dem Wetterballon nach oben. Zum Glück bleibt er nirgendwo hängen.

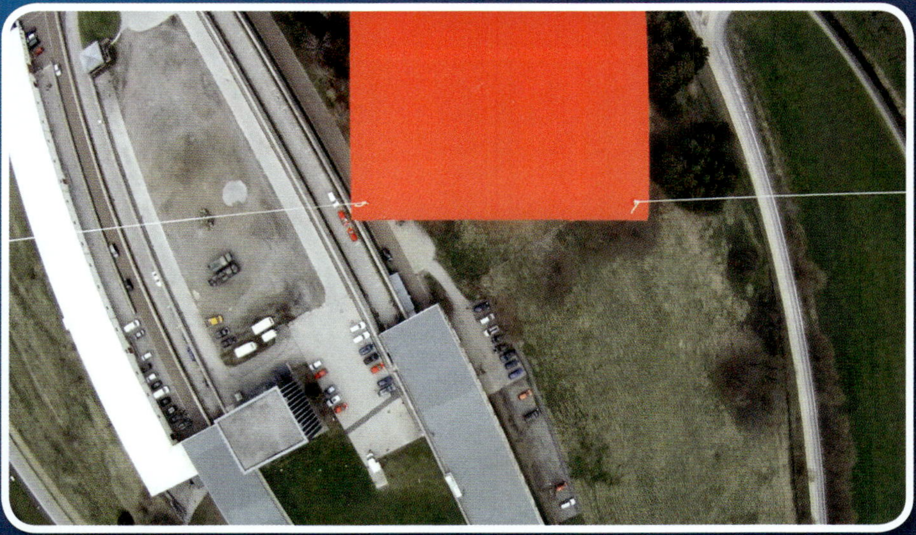

Die Kameras filmen unser Experiment während der gesamten Zeit aus verschiedenen Blickwinkeln.

Endlich erreicht der Stuhl die Wolken. Als der Ballon platzt, hat er eine Höhe von 32.500 Metern erreicht.

Jetzt wird es Ernst. Der Start steht kurz bevor.

TISCHLEIN DECK

Wer würde nicht gerne an einer solchen Tafel speisen? Fünf unserer Zuschauer probieren mit ihren eigenen verrückten Methoden, das Tischtuch unter dem kostbaren Porzellan wegzuziehen. Jeder hat nur einen Versuch.

Tim springt mit einer Angelschnur, die am Tischtuch befestigt ist, vom 5-Meter-Turm. Leider klappt es nicht. Das Geschirr landet am Boden.

Mit einem Modellauto mit 4,56 Kubik und fast vier PS will Jannik den Tisch abdecken. Er setzt auf die schnelle Beschleunigung des Flitzers. Trotz 70 bis 80 km/h bleibt nur die Hälfte des Geschirrs heil.

DICH AB

Mit welchen verrückten Ideen lässt sich ein Tischtuch unter einer gedeckten Tafel wegziehen?

Thomas und sein Freund befestigen einen schweren Schrank an inem Drahtseil und werfen ihn von einem Aussichtsturm. Das Unterfangen ist gewagt, klappt jedoch nicht.

Ruckzuck

Mehrmals haben wir dieses Experiment schon versucht, doch noch nie hat es geklappt. Eigentlich ist alles ganz leicht: Kraft ist gleich Masse mal Beschleunigung. Vier Kilogramm stehen auf der Tischdecke. Die Kraft F, die an der Tischdecke zieht, muss die Reibungskraft zwischen Geschirr, Tischtuch und Tisch überwinden. Ziel: In kürzester Zeit die höchste Geschwindigkeit erreichen. Dann ist die Chance am größten, dass alles stehen bleibt. Die ersten vier Versuche scheitern daran, dass die Tischdecke hochgezogen wird. Beim Flugzeug passiert uns dieser Fehler nicht und wir stellen den gedeckten Tisch auf ein Podest, sodass der Flieger ganz gerade daran zieht. Es funktioniert und die Cessna hat soeben als Erste unseren Tisch abgedeckt!

Martin rückt dem Tischtuch mit einer sächsischen Artillerie zu Leibe. Eine wahnsinnige Geschwindigkeit von 360 km/h, doch das Projektil zieht die Decke nach oben hoch und der Versuch scheitert.

Eine ganz waghalsige Idee hatte Steve. Die Cessna zieht das Tischtuch mit zügigen 180 km/h unter der Tafel weg. Experiment geglückt!

GIGANTISCHE

Die Rauchkanone steht in einer 100 Meter langen Halle – genug Platz für den Versuch. Wir messen die Austrittgeschwindigkeit.

Der erste Versuch verpufft im wahrsten Sinne. Nicht genug Power. Wir stocken die Gummiseile von drei auf sechs auf, um die Schussgeschwindigkeit zu erhöhen.

Jetzt ist die Öffnung zu groß. Thomas verkleinert sie mit Blechen. Und tatsächlich: Bei einer Verkleinerung von 40 auf 30 Zentimeter verdoppelt sich die Geschwindigkeit.

Schlussendlich schaffen wir es sogar auf die Distanz von 70 Metern die Kerzen auszublasen.

RAUCHRINGE

Kann man tatsächlich Rauchringe mit einem Meter Durchmesser herstellen? Und können diese dann über 55 Meter weit fliegen?

Mithilfe von Metallbauer Thomas lässt Reporter Jan die Rauchkanone nachbauen. Insgesamt drei Wochen braucht das Team, bis sie fertig ist. Im Inneren verbinden zunächst drei starke Gummi-Expander die Schussöffnung mit der Plane. Von außen hält ein Spanngurt.

Rauchring-weitschuss

Im Internet finden wir ein Video, in dem riesige Rauchringe bis 55 Meter weit fliegen und dabei Kerzen auf einem Geburtstagskuchen ausblasen. Das will Reporter Jan nachbauen. Mit einer Spielzeugkanone testet er zunächst die Funktionsweise: Durch einen Zugmechanismus wird die Luft erst nach hinten gezogen und dann nach vorne herausgeschleudert. Das führt zu Verwirbelungen mit der Umgebungsluft, und es entstehen gleichmäßige Ringe. Jan findet Metallbauer Thomas Sauter, der die Rauchkanone mit seinem Team nachbaut. Nach drei Wochen ist sie fertig. Wir bauen sie in einer 100 Meter langen Halle auf und starten das Experiment. In mehreren Anläufen müssen Thomas und Jan die Kanone modifizieren: Der Zugmechanismus ist zu schwach und die Öffnung zu weit. Dann reißt die Plane. Aber Thomas improvisiert. Am Ende gelingt es ihnen, mit der Kanone Kerzen in 70 Metern Entfernung auszupusten. Experiment geglückt, Rekord sogar getoppt.

Es ist geglückt. Die Riesen-Rauchringe haben Kerzen in 70 Meter Entfernung ausgeblasen. Die Luft schießt aus der Kanone wie eine Wand.

DIE RESONANZ-

Wir lassen das orginalgetreue Modell eines Helis mit fast identischem Flugverhalten landen. Er beginnt, stark zu vibrieren. Der Grund ist die Bodenresonanz.

Rotor und Landewerk müssen möglichst harmonisch schwingen, um eine Bodenresonanz zu verhindern. Bei der Landung wird der Schwing-Effekt aber verstärkt. Zur Vermeidung des Phänomens verwendet man heute unterschiedliche Materialien mit ganz unterschiedlichen Frequenzbereichen.

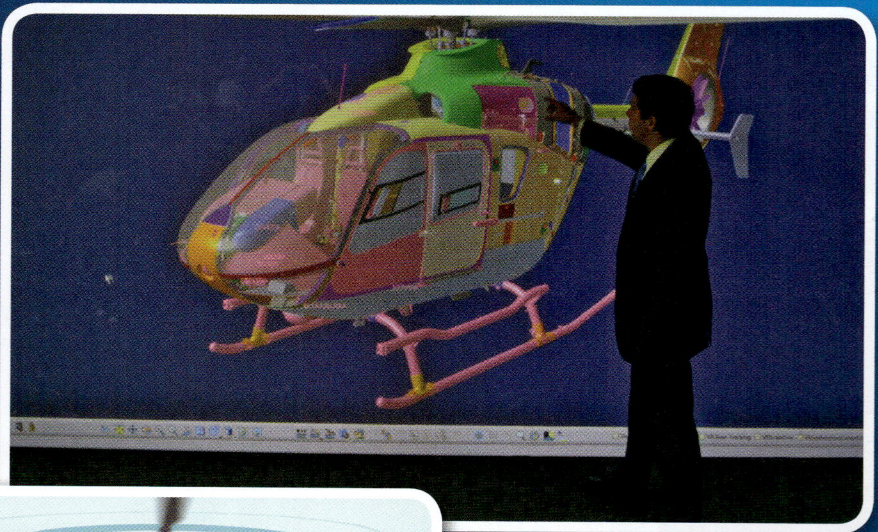

KATASTROPHE

Wieso zerstören sich manche Helikopter bei der Landung selbst?

Harro startet zum Testflug. Er möchte verstehen, wie ein Helikopter überhaupt fliegt. Der Unterdruck des Rotors treibt den Heli nach oben.

Der Heli-Crash

Es passiert immer wieder, dass sich Helikopter bei der Landung selbst zerstören. Reporter Harro wollte wissen, warum. Mit einem originalgetreuen Modell eines Helikopters macht Modellflug-Profi Peter Konstanzer den Test. Der Heli landet, beginnt immer stärker zu vibrieren und zerstört sich am Ende selbst. Bei Airbus Helicopters in Donaueschingen will Harro mit Heli-Experte René Nater dem Phänomen auf den Grund gehen. Die beiden Rotoren und das Landewerk des Helikopters schwingen während eines Flugs. Diese Schwingungen werden in der Luft abgeleitet. Bei Bodenkontakt wird das Schwingsystem durch das Eigengewicht des Helis auf dem Boden blockiert und die Schwingungen potenzieren sich. Da Rotor und Landewerk aber möglichst harmonisch schwingen sollen, wird so leicht ein kritischer Frequenzbereich erreicht, in dem zwei gleiche Eigenfrequenzen zusammentreffen. Das nennt man Resonanzkatastrophe. In der Luftfahrt arbeitet man daran, dieses Problem aus der Welt zu schaffen.

Die Eigenschwingungen des Helikopters können am Boden im Gegensatz zur Luft nicht abgeleitet werden. Er zerstört sich selbst.

WIE EIN GUM

Der Clou: Dort, wo sonst der Stoßdämpfer sitzt, welcher Stöße abfängt, ist bei den hüpfenden Autos eine Hydraulikfeder eingebaut, welche die Stöße verstärkt.

IBALL

Als Kinder ständig gespielt: Seilhüpfen. Doch kann das auch ein Auto?

Dank Hydraulikpumpe und -feder hüpfen die Autos von einem halben Meter aufwärts.

Auf den Spuren des hüpfenden Wagens

Normalerweise sollte ein Auto eher Stöße abfedern als auslösen. Dafür ist der Stoßdämpfer da. Doch ein paar Cracks wollen genau das Umgekehrte. Bei ihnen soll die Karre hüpfen wie ein Gummiball. Wir wollen das Auto auf die Probe stellen und einem Internetvideo nachgehen. Es zeigt einen von außen ganz normalen Wagen, der einige Male über ein Seil hüpft. Unsere Suche nach dem hüpfenden Auto führt uns nach Süddeutschland. Doch unter den springenden Autos dort passt ein Seil nur gerade so knapp durch. Damit wir so hoch springen können wie das Auto im Video, starke 1,60 Meter hoch, braucht es eine andere Technik. Wagen mit Druckluft haben den Vorteil, dass sie leichter sind und so mit den Rädern in Sekundenbruchteilen weiter vom Boden wegkommen. Einziger Haken: Die gibt es nur in Amerika. Kein Problem. Wir machen uns auf nach San Antonio und treffen die Meister im Autoseilhüpfen. Mit ihren Tricks und Kniffen, die sie uns nicht verraten wollen, wird das seilspringende Auto vor unseren Augen Wirklichkeit.

KAPITEL 07

SCHUTZBRILLEN AUF

DIE EXPERIMENTE

- »» LIGHT IST LEICHT
- »» SPEZIELLE SPRITZFAHRT
- »» BILLARD-KANONE
- »» DAS PAPIERWUNDER
- »» UNLÖSCHBARES THERMIT
- »» BANANE AUS GLAS
- »» HIGHSPEED PINGPONG
- »» KLEINE HAKEN, GROSSE WIRKUNG
- »» DROGEN-RAZZIA BEIM BÄCKER
- »» ZAUBERMETALL NICKEL
- »» MIT VEREINTER KRAFT

ANALYSIS
SEARCH
SCANNING

LIGHT IST

Nur ein witziges Gerücht oder wirklich Tatsache? Cola-light-Dosen schwimmen und normale Cola-Dosen gehen unter? Wir gehen der Sache auf den Grund.

Bei Light-Produkten ist der hohe Zuckeranteil des normalen Produkts durch Süßstoff ersetzt. Der hat ein geringeres spezifisches Gewicht, und so ist auch das Light-Produkt physikalisch leichter.

Tatsächlich ist die Light-Dose 14 Gramm leichter, und auch beim Schwimmtest bleibt sie an der Oberfläche.

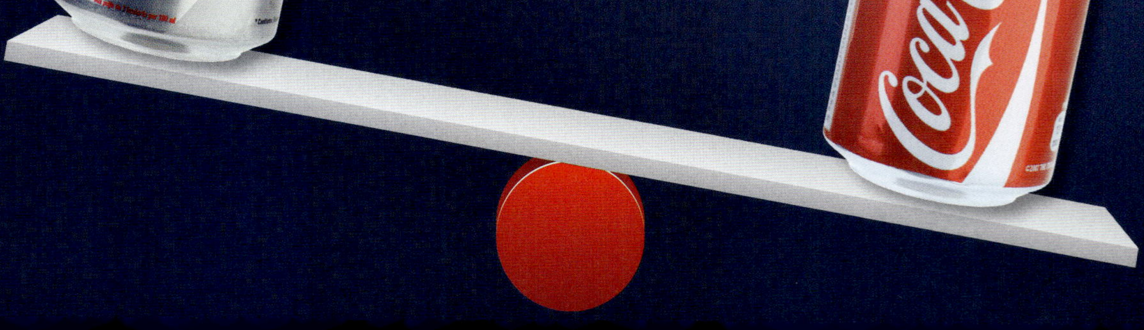

LEICHT

Sind „Light"-Produkte leichter als normale? Schwimmt beispielsweise eine Cola-light-Dose auf dem Wasser, während eine normale Cola-Dose untergeht?

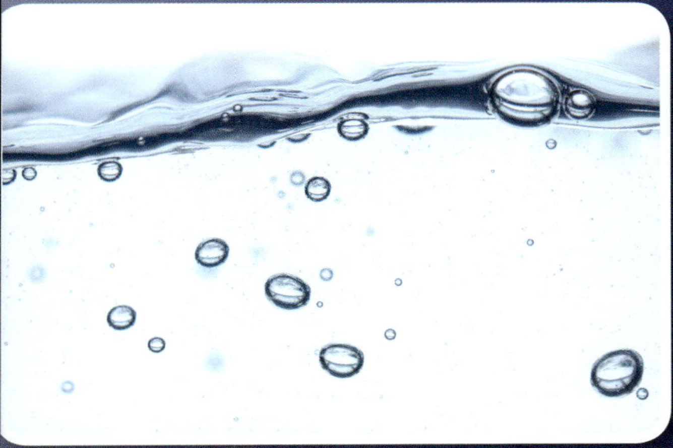

Ein Körper sinkt dann im Wasser, wenn sein Gewicht größer ist als das der verdrängten Flüssigkeit. Die Luftblase oben in der Dose bietet genug Auftriebskraft für das leichte Light-Getränk. Für die schwerere normale Dose reicht sie nicht.

Flugkünstler Süßstoff

Ob Light-Produkte auch tatsächlich leichter sind als normale, wollen wir mit unserem Experiment testen. Wir bauen uns ein Dosenschwimmbad. Am Physikinstitut der Uni München füllen wir 160 Liter Wasser in ein Aquarium und probieren mehrere Methoden aus, die Dosen ins Wasser zu lassen. Wenn man sie ganz senkrecht und vorsichtig ins Wasser setzt, schwimmt die Light-Variante oben, während die normale Cola sofort untergeht. Wir testen das mit anderen Marken und anderen Getränken – immer derselbe Effekt. Der Experte erklärt uns, es liegt am Zucker. Dieser ist schwerer als der Süßstoff, der diesen in den Light-Produkten ersetzt. Die kleine Luftblase, die oben in der Dose sitzt, hat genug Auftriebskraft, um die Light-Variante oben zu halten, nicht aber die normale mit Zucker.

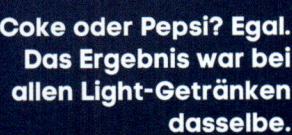

Coke oder Pepsi? Egal. Das Ergebnis war bei allen Light-Getränken dasselbe.

SCHUTZBRILLEN AUF!

SPEZIELLE SPRITZ

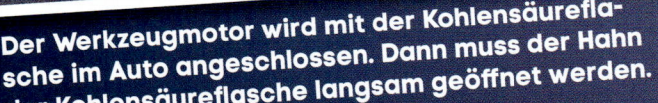

Der Werkzeugmotor wird mit der Kohlensäureflasche im Auto angeschlossen. Dann muss der Hahn der Kohlensäureflasche langsam geöffnet werden.

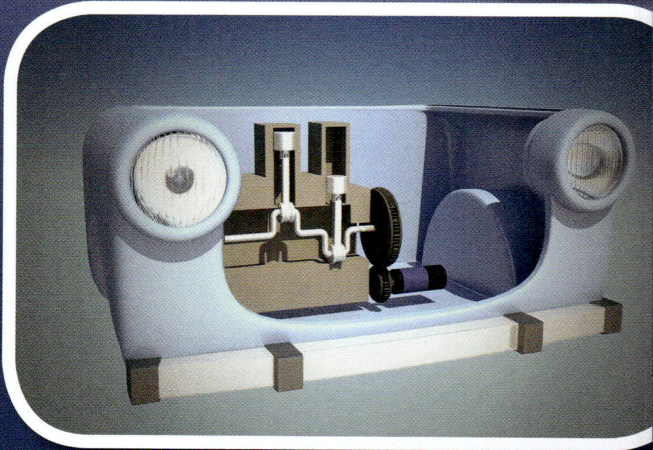

1. Druckluft wird auf die Lamellen abgelenkt und treibt so den Kohlensäuremotor an.
2. Der wiederum treibt zunächst ein größeres Zahnrad an.
3. Darüber setzt er den Trabimotor und die Räder in Bewegung.

FAHRT

Fährt ein Auto mit bloßer Kohlensäure als Antrieb?

Benzin und Diesel ade

Reporter Jan möchte ausprobieren, ob man mit Kohlensäure allein ein Auto fahren kann. Er will den ersten Auto-Kohlensäure-Antrieb der Welt testen. Helfen soll ihm Christian, der Trabi-Schrauber aus Berlin. Um den Automotor zum Starten zu bringen, bräuchte man eine Explosion des Kraftstoff-Luft-Gemisches. CO2 allein reicht also nicht. Aber einen kleinen Druckluft-Werkzeugmotor müsste man damit eigentlich in Gang setzen können. Das Prinzip ist einfach: Druckluft wird auf Lamellen geleitet und treibt so den Motor an. Also Tank und Zündkerzen raus und Kohlensäure-Motor statt des Anlassers rein. Durch die Übersetzung kommt Kraft auf das Getriebe. Jan und Christian schließen die Gasflasche an und auf geht es. Tatsächlich: der Trabi setzt sich in Bewegung.

Reporter Jan fährt tatsächlich mit acht Bar Druck aus der Kohlensäureflasche hinter dem Sitz. Er schafft bis zu 20 km/h. Allerdings ist der Spaß schnell vorbei. Mit zehn Liter Gas kommt er nicht weit.

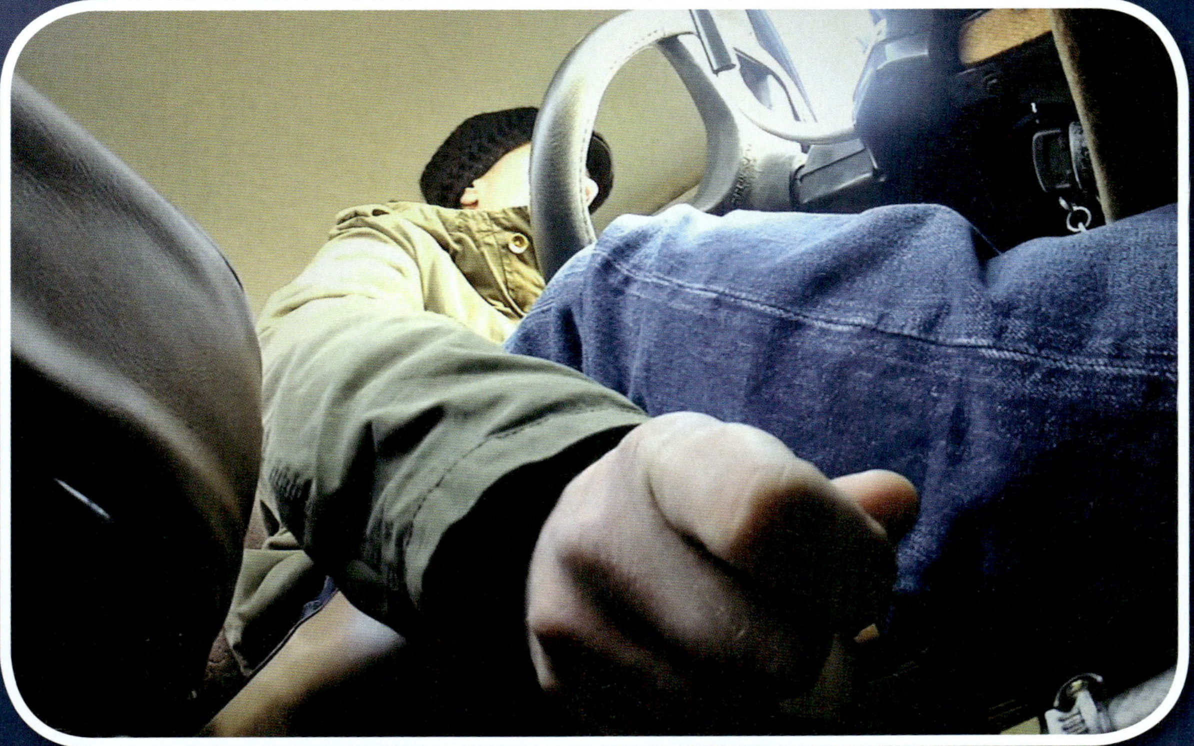

SCHUTZBRILLEN AUF!

BILLARD-KANONE

Das Runde soll durch das Eckige

Kann man mit einer Sektflasche eine Glasscheibe durchschießen? Können wir uns eine XXL-Kohlensäure-Kanone bauen?

Die ersten Schritte zur Kohlensäure-Kanone: An einen Druckluftbehälter schrauben wir ein Magnet-Hochdruckventil, das per Fernbedienung gesteuert werden kann. Vorne setzen wir ein Schussrohr an.

Statt den Korken auf der Flasche legen wir eine Billardkugel in das Schussrohr. Damit wollen wir die Fensterscheibe durchschießen.

Nun befüllen wir den Druckbehälter mit Sprudelwasser. Leider reicht der Druck nicht aus, um die Billardkugel gegen die Scheibe zu schleudern.

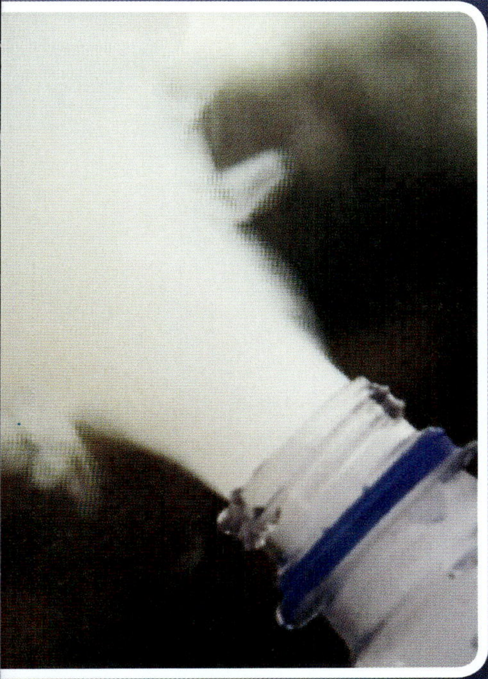

Lasst die Kugeln knallen

Wir wollen herausfinden, ob man mit dem Druck von Kohlensäure wirklich eine Fensterscheibe durchschlagen kann. Dazu verwandeln wir einen einfachen Druckluftbehälter mit einem Hochdruckventil und einem Schussrohr in eine Kanone. Unsere Munition ist eine Billardkugel. Reines Sprudelwasser entwickelt jedoch nicht genug Schlagkraft. Die Erklärung: Kohlensäure H2CO3 entsteht, wenn Kohlendioxid unter Druck ins Wasser gepresst wird. Dann zerfällt das Gemisch, und das CO2 steigt als Gas in die Höhe und verursacht den Druck. Wir haben offensichtlich zu viel Druck verloren. Also greifen wir zu Trockeneis. Das ist nichts anderes als gefrorenes Kohlendioxid. Das Trockeneis dehnt sich bis zum 700-fachen seines Volumens aus. Der Druck wird enorm. Unsere Kugel knallt durch die Scheibe.

Um noch mehr Kohlensäuredruck aufzubauen, verwenden wir Trockeneis. Sieht aus wie Eiskügelchen, ist mit minus 80 Grad noch kälter. Das Trockeneis dehnt sich aus und baut enormen Druck auf.

Drei, zwei, eins – Schuss. Die Wucht der Billardkugel aus unserer Kohlensäure-Kanone durchschlägt die Fensterscheibe.

SCHUTZBRILLEN AUF!

DAS PAPIER-WUNDER

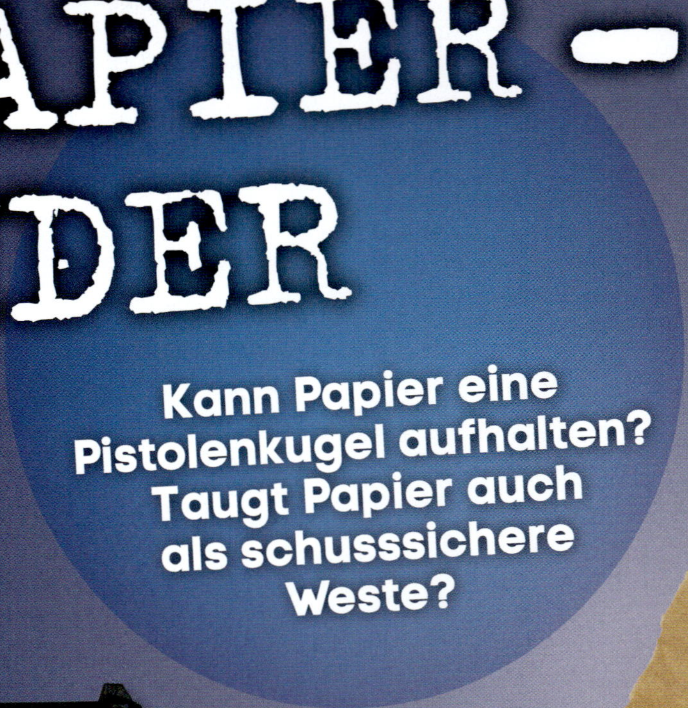

Kann Papier eine Pistolenkugel aufhalten? Taugt Papier auch als schusssichere Weste?

Unter Aufsicht eines Waffenexperten greift Reporterin Funda zur Pistole. 1.400 km/h erreicht so eine Pistolenkugel. Da schützt sonst nur eine kugelsichere Weste. 1.000 Blatt Papier können das Projektil nicht aufhalten.

1. Versuch: Als kugelsichere Weste

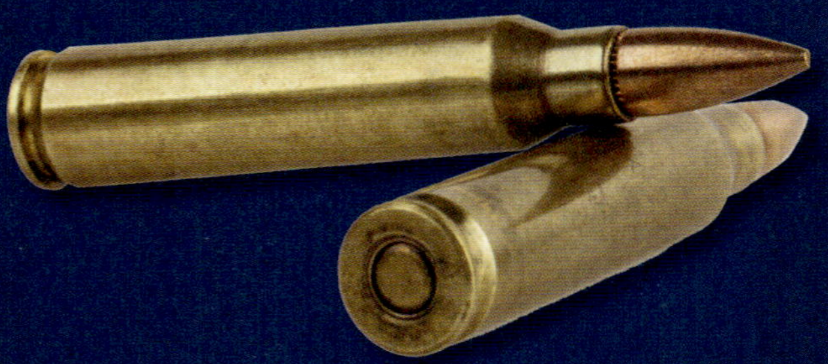

Erst der Widerstand von knapp über 1.500 Blatt Papier kann die Pistolenkugel stoppen. Das entspricht einem Papierstapel von gut 15 Zentimetern.

Papier kann was

Wir wollten wissen, ob Papier wirklich eine Pistolenkugel aufhalten kann. Waffenmeister Rainer Metz hilft uns bei dem Versuch. Wir starten mit 500 Blatt normalem Druckerpapier. Diese hängen wir hintereinander in Blöcken à 25 Blatt auf, damit wir genau sehen können, wo das Projektil vielleicht steckenbleibt. Aber das Projektil schlägt problemlos durch. Auch bei 1.000 Blatt leistet das Papier keinerlei Widerstand. Wir verdoppeln auf 2.000 Blatt – ganze 20 Zentimeter. Das Projektil bleibt nach einem Dreiviertel der Strecke stecken. Wir kontrollieren: bei Blatt 1.528 war Schluss. Der Effekt: Zwischen jedem Blatt Papier ist eine Luftschicht. Und das Blatt Papier bremst das Projektil ab. Dann wieder Luft, dann wird es von dem nächsten Blatt abgebremst, dann wieder Luft. Das ist wie ein ständiges Aufschlagen. Irgendwann ist die Bewegungsenergie des Projektils verbraucht, es bleibt stecken.

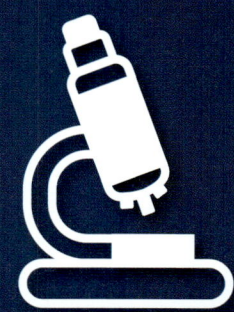

Kann Papier sogar Munition sein? Trägt Papier einen 2-Tonnen-SUV, ohne einzubrechen?

2. Versuch: Als Munition

Wir haben eine Riesenkrampenschleuder aus stabilen Metallrohren gebaut. Um dem enormen Zug standhalten zu können, muss die Schleuder selbst ein gewisses Gewicht haben. Unser Modell bringt stolze 500 Kilogramm auf die Waage.

Das Gummi unseres Katapults ist viel zu schwer. Um es zu spannen, muss man fast eine Tonne Gewicht ziehen. Zum Glück haben wir eine Seilwinde auf unserem Anhänger. Damit können wir den Papierkrampen mit dem Gummi aufziehen. Der ist etwa 256 Mal so groß wie ein normales Papierschnipselchen, besteht aus 16 DIN A4-Blättern und wiegt 80 Gramm.

Katapult in XXL

Wir wollten wissen, ob Papier auch selbst zum Geschoss werden kann. Die kleinen Papierschnipsel aus der Schulzeit kennt jeder, aber für unser Experiment bauen wir zusammen mit Spezialeffektler Daniel Reger eine Riesenkrampenschleuder. Das Gestell muss äußerst stabil werden, da beim Spannen des Gummis später eine Tonne Gewicht darauf lasten wird. Wir bauen es aus Metallrohren zusammen. 500 Kilogramm wiegt unser Riesenkrampenkatapult. Unser Krampen ist ebenfalls 256 Mal größer als ein normales Papierknäuel und hält dem Druck beim Aufziehen super stand. Das Ziel ist Puppe Gitta, die wir auf einer Wiese in zirka zehn bis 15 Metern Entfernung platziert haben. Zielen ist nicht ganz so einfach, aber nach ein, zwei Versuchen haben wir es raus. Puppe Gitta ist getroffen, Papierkrampenschießen funktioniert auch in XXL.

3. Versuch: Als Stütze

Score 2 Kilogramm

Durch die Kreisform bekommt das Papier eine festere Statik. Bei einer geschlossenen Röhre verteilt sich die Kraft auf die komplette Fläche, dadurch erhöht sich die Tragkraft um das 1.000-fache.

Auto auf Papierrollen

Rollt man ein einfaches Blatt Papier zu einem Zylinder, wird daraus ein durchaus stabiles Gebilde. Bis zu zwei Kilogramm Gewicht kann so ein Papierzylinder tragen. Also müssten doch 1.000 Blatt auch 2.000 Kilogramm tragen können. Das wollen wir testen. Auf einem glatten Untergrund stellen wir 1.000 einzelne Papierzylinder auf und darauf dann einen zirka 2.000 Kilogramm schweren SUV. Damit dieser stehen kann, legen wir vorher dünne Holzbretter auf die Zylinder. 36 Stunden dauert der Aufbau! Dann kann ein Abschlepplaster den SUV ganz vorsichtig und langsam auf die Bretter hieven. Das Auto muss ganz exakt positioniert werden. Leider klappt unser Versuch nicht, die Papierzylinder halten dem Druck nicht stand. Die Holzbretter vorne verbiegen sich und die ersten Papierröllchen kollabieren. Der SUV ist vorne offensichtlich schwerer, und daher ist vermutlich die Gewichtsverteilung nicht gleichmäßig genug.

Damit sich das Gewicht des Wagens auf den Papierzylindern gleichmäßig verteilen kann, legen wir darauf dünne Holzplatten. Das ist ein aufregender Moment, denn dabei darf nicht ein Röllchen einknicken.

SCHUTZBRILLEN AUF!

UNLÖSCHBARES THERMIT

Lässt sich Thermit löschen? Wir probieren es mit Wasser, Eis und Stickstoff.

MIT WASSER

Die Feuerwehr ist völlig machtlos. Das Wasser verdampft, bevor es überhaupt auf dem Thermit ankommt. Nun versenken wir es in einem 1.000 Liter-Aquarium. Vorsichtshalber bringen wir uns in Deckung.

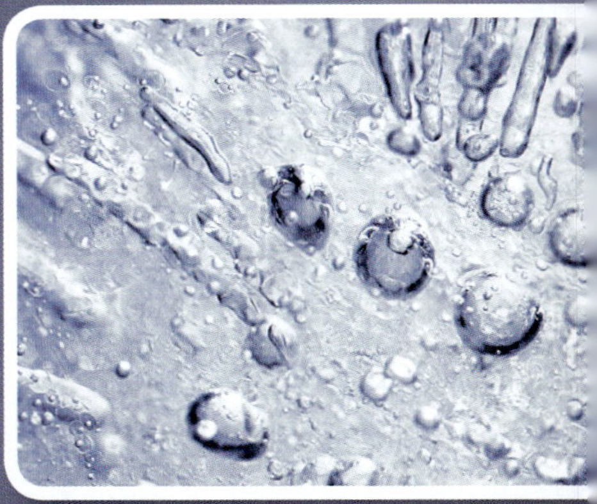

MIT EIS

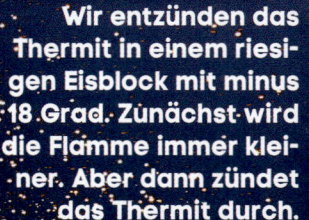

Wir entzünden das Thermit in einem riesigen Eisblock mit minus 18 Grad. Zunächst wird die Flamme immer kleiner. Aber dann zündet das Thermit durch.

STECKBRIEF

- Thermit ist ein Gemisch aus Aluminium und Rost
- Entzündet sich bei 1.000 Grad
- Findet Einsatz im Gleisbau
- Ist unlöschbar

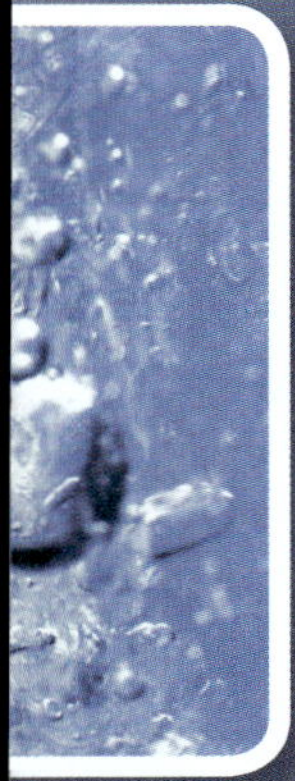

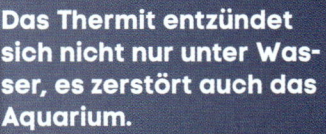

Das Thermit entzündet sich nicht nur unter Wasser, es zerstört auch das Aquarium.

Der riesige Eisblock explodiert förmlich, und Eisstücke fliegen bis zu 100 Meter weit durch die Luft.

Thermit ist Trumpf

Thermit ist mit 2.000 Grad der heißeste Stoff der Erde, heißer als flüssige Lava. Angeblich kann ihn nichts bezwingen. Wir wollen das Gegenteil beweisen. Wir probieren es mit Wasser, mit Eis und mit flüssigem Stickstoff. Der ist wiederum einer der kältesten Stoffe der Erde und sollte das doch eigentlich schaffen. Doch Thermit besteht zum Teil aus Rost. Dieser besteht aus Eisen und gebundenem Sauerstoff. Bei 1.000 Grad löst sich die Verbindung, und der Sauerstoff wird frei. Jetzt bindet das Aluminium den Sauerstoff an sich. Dabei entsteht Energie in Form von Hitze mit über 2.000 Grad. Das freigewordene Eisen wird flüssig. Nur wenn wir das Thermit so weit abkühlen könnten, dass sich die Sauerstoffbindungen nicht lösen, könnten wir es stoppen. Doch weder mit Wasser noch Eis noch Stickstoff gelingt uns das. Thermit bleibt Sieger.

MIT STICKSTOFF

Wir kippen flüssigen Stickstoff mit minus 196 Grad sicherheitshalber aus einem Bagger auf das brennende Thermit. Es entsteht sofort eine riesige Trockeneis-Wolke fast wie bei einem Popkonzert. Unsere Highspeedaufnahme zeigt: über dem Thermit bildet sich ein Dampfpolster, das verhindert, dass der Stickstoff auch nur in die Nähe kommt.

BANANE AUS

Aus einer Gasflasche leiten wir etwas flüssigen Stickstoff ab.

Den flüssigen Stickstoff schöpfen wir vorsichtig in eine Schüssel.

Sobald die Banane mit dem Stickstoff in Berührung kommt, gefriert sie und verliert ihre Elastizität. Sie wird hart und spröde.

Sofort erwärmt er sich und beginnt zu verdampfen. Wir halten unsere Banane hinein.

GLAS

Kann man Bananen tatsächlich so gefrieren, dass sie zerbrechen wie Glas?

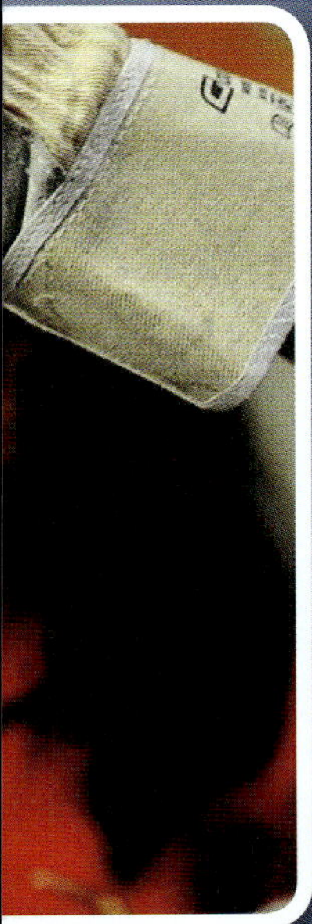

Wenn man nun mit dem Hammer darauf haut, zerbröselt sie in lauter Einzelteile.

Bananen-Schockfrost

Stickstoff ist einer der kältesten Stoffe der Erde. Fast 80 Prozent unserer Luft besteht daraus. Flüssig wird er bei minus 196 Grad. Einsatz findet Stickstoff zur Kühlung z. B. von Bierzapfanlagen aber auch von Flugzeug-reifen. Wir wollten herausfinden, was mit einem Gegenstand, in diesem Fall einer Banane, passiert, wenn man ihn mit Stickstoff in Berührung bringt. Wir probieren es aus. Die Teilchen der Banane gefrieren in Sekundenschnelle, und die Banane wird ganz trocken, ihre Haut platzt. Wenn man nun mit dem Hammer auf die Banane schlägt, verhält sie sich, als wäre sie aus Glas: sie zerbirst in tausend Einzelteile.

HIGHSPEED

Wir füllen aus einer Druckflasche mit flüssigem Stickstoff einen Liter in eine gewöhnliche Wasserflasche und stellen sie in eine große Plastiktonne.

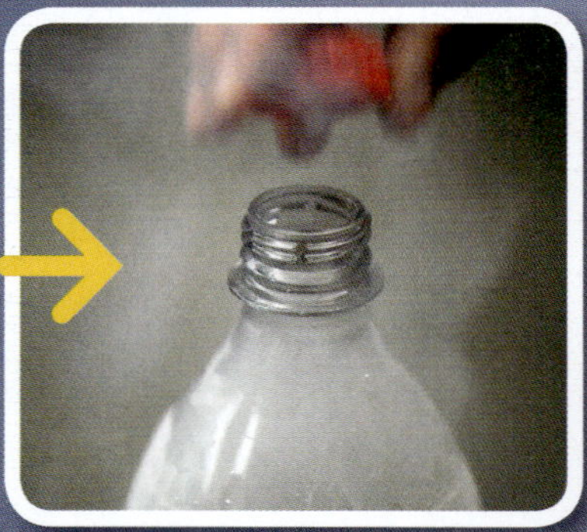

Darauf füllen wir mehrere Hundert PingPong-Bälle.

PingPong aus der Flasche

Nachdem wir mit Stickstoff bereits eine Banane zerbröselt haben, wollen wir wissen, was er noch so kann. Wir gießen ihn in eine Flasche, verschließen diese und stellen sie in eine große Plastiktonne. Darauf schütten wir ein paar Hundert PingPong-Bälle. Was wird passieren?! Sobald sich der flüssige Stickstoff erwärmt hat, wird er wieder gasförmig. Nur: aus einem Liter flüssigen Stickstoff werden 700 Liter Gas. Dafür ist kein Platz in der Flasche, also explodiert sie wie eine Bombe. Die PingPong-Bälle schießen mit voller Wucht heraus und fliegen bis zu sechs Meter hoch!

PINGPONG

Was passiert, wenn man PingPong-Bälle auf eine geschlossene Flasche mit Stickstoff schüttet?

Die Power des Gases ist so groß, dass nicht nur die Bälle sechs Meter in die Höhe fliegen. Auch die Tonne fliegt durch die Luft.

Sobald sich der Stickstoff erwärmt hat und es ihm in der Flasche zu eng wird, explodiert die Flasche und die PingPong-Bälle schießen heraus.

SCHUTZBRILLEN AUF!

KLEINE HAKEN, GROSSE

Große Klette

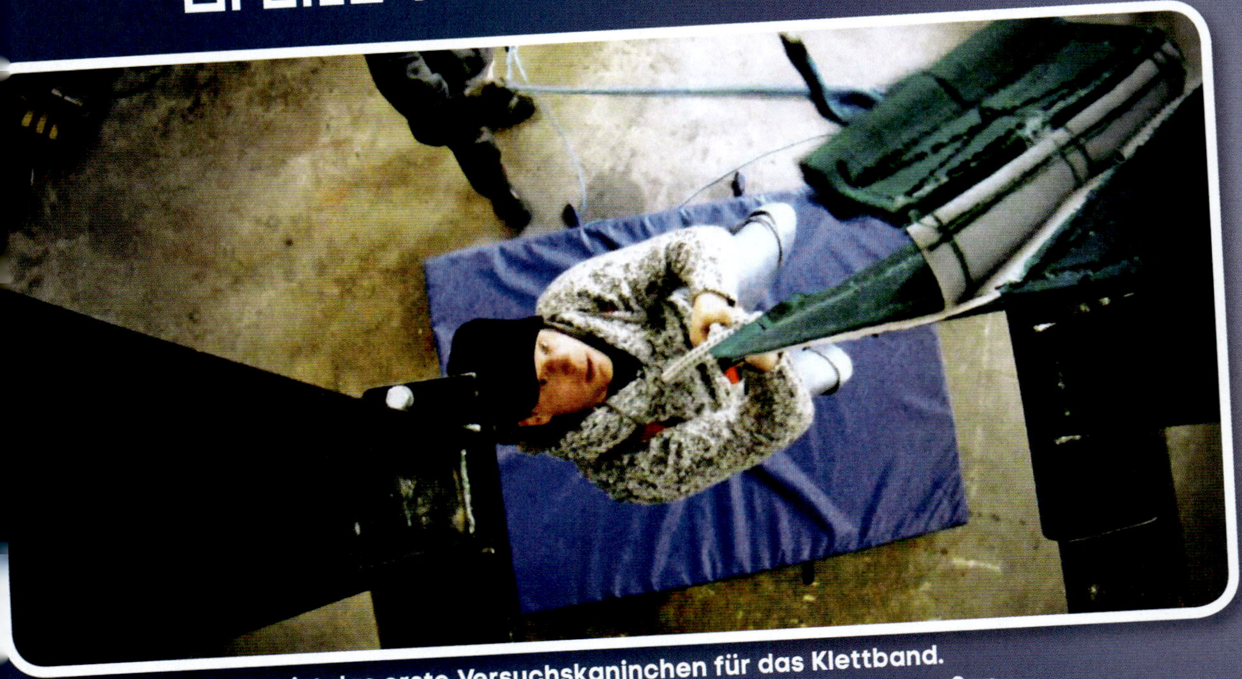

Reporter Clas ist das erste Versuchskaninchen für das Klettband. Seine 80 Kilogramm hängen an einem zehn mal 50 Zentimeter großen Klettband. Es hält, aber wie lange? Wir öffnen das Klettband Stück für Stück bis auf die letzten 2 Zentimeter.

Klett vs. Muskeln

1,5 mal 1,5 Meter Kletteppich, nur leicht zusammengedrückt.

Zwei Muskelmänner versuchen, die Platten zu trennen.

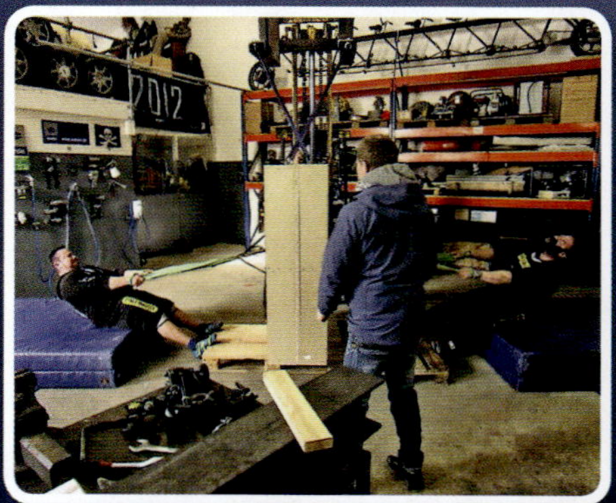

Auch mit dem gesamten Körpergewicht – keine Chance.

WIRKUNG

Wie stark sind die kleinen Klettband-Haken wirklich?

Für unseren Kleinwagen brauchen wir ein großes Klettband. Am Ende hängt das Auto nur noch an 20 Zentimetern.

Das Klettband-Wunder

Wir wollen testen, wie stark ein Klettband ist und was es alles aushalten kann. Für unseren ersten Versuch haben wir in einer Halle ein Klettband aufgehängt und wollen nun verschiedene Dinge daran aufhängen, um die Belastungsprobe zu machen. Wird es einen Menschen oder sogar ein Auto hochheben können? Kein Problem für das Wunderband. Dann lassen wir zwei Muskelmänner gegen einen Kletteppich antreten. Der Teppich siegt. Schließlich der Härtetest: ein neuartiges Metallklettband soll eine Diesellok mit zwei Waggons verbinden und ziehen. 28 Tonnen Zugkraft soll es aushalten. Und wirklich: der Zug fährt. Dann aber gibt das Klettband nach. Dennoch: Klettband ist ein Kraftwunder.

Das stärkste Klettband der Welt ist aus rostfreiem Stahlband. Es wird so gestanzt, dass ein klettbandartiges Muster entsteht. Es soll in Zukunft Solarpanels und ganze Fassaden tragen.

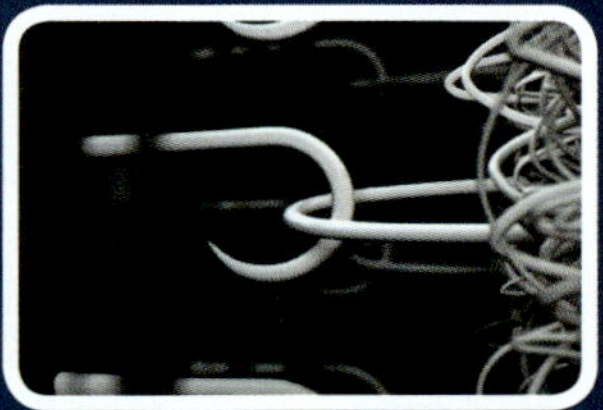

Die Funktionsweise eines Klettbands ist der Natur abgeschaut. Anhängliche Kletten waren das Vorbild.

Klett der Zukunft

Diesellok und Waggons werden mit 15 Meter langen Klettstreifen mit zwei Zentimeter Klettfläche miteinander verbunden.

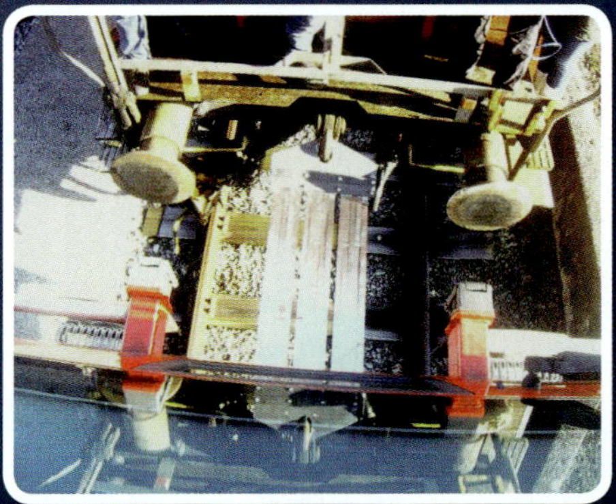

Die Lok fährt an – das Klettband hält.

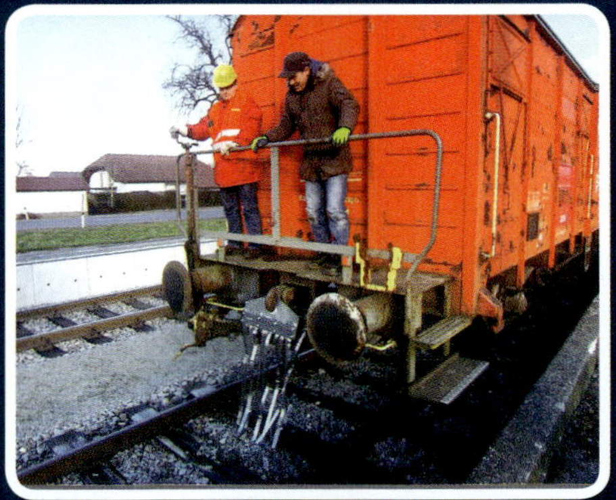

28 Tonnen – Wahnsinn. Aber dann gibt die Konstruktion nach.

DROGEN-RAZZIA

Mohn-Fans aufgepasst: Führt zu viel Mohn tatsächlich zu einem positiven Drogentest? High von der Mohnschnecke?

Mohnbrötchen und Mohnschnecken sind lecker, aber nicht im Übermaß zu genießen.

Der Drogenschnelltest gibt lediglich erste Anhaltspunkte über den Konsum von Rauschmitteln. Eigentlich weist man damit harte Drogen wie Heroin oder Opium nach. Den weißen Streifen taucht man fünf Sekunden lang in den Urin.

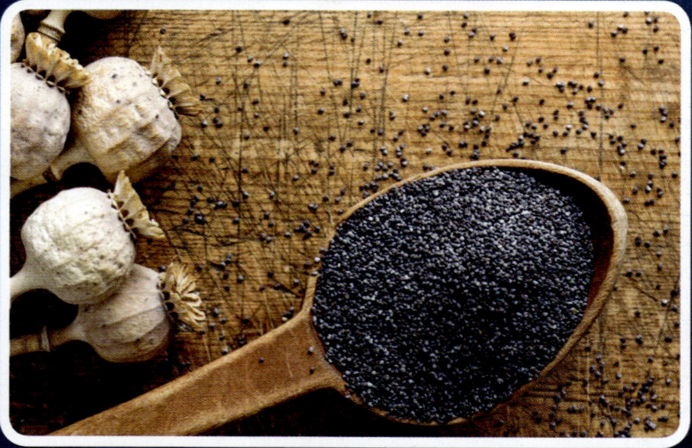

Mohn enthält Morphin, daher lässt sich der Konsum mit einem Drogentest nachweisen. High wird man davon aber nicht.

Der normale Autofahrer muss sich aber dennoch nicht sorgen. Die Polizei berücksichtigt auch andere Anhaltspunkte, wie z. B. verengte Pupillen. Letztlich entscheidet der Bluttest.

BEIM BÄCKER

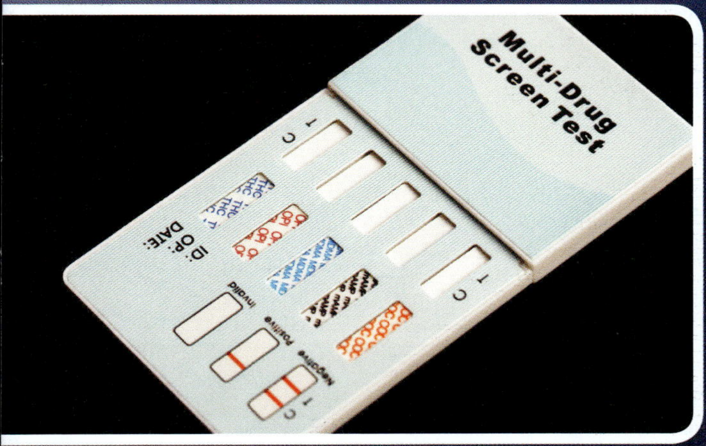

Zeigt der Test zwei rote Banden, ist der Test negativ. Ist nur noch eine rote Bande zu sehen, konnten Drogen im Urin nachgewiesen werden.

Die Unschuld vom Lande

Immer wieder hört man, dass zu viel Mohn den Drogentest der Polizei beeinflusst. Wir wollten es genau wissen. Unser Versuchslabor: Die Bäckerei zur Frühstückszeit. Wir haben uns drei nüchterne Testpersonen gesucht, die bereit waren, sich diesem harten Test zu unterziehen. Mit dabei Dr. Robert May, unser Drogenscreening-Experte. Der Versuchsaufbau ist denkbar einfach: Als Erstes nehmen wir von den dreien eine Urinprobe. Dank eines Drogenschnelltests ist klar, kein Kandidat hat Drogen im Blut. Dann dürfen die drei zuschlagen: Mohnbrötchen, Mohnschnecke und Mohn pur satt. Danach: Kontrolluntersuchung des Urins. Diesmal schlägt der Test bei allen drei Probanden an. Viel Mohn führt also tatsächlich zu einem positiven Drogentest.

SCHUTZBRILLEN AUF!

ZAUBERMETALL NICKEL

Welche verblüffenden Fähigkeiten hat Nickel?

Büroklammer zurück in Form

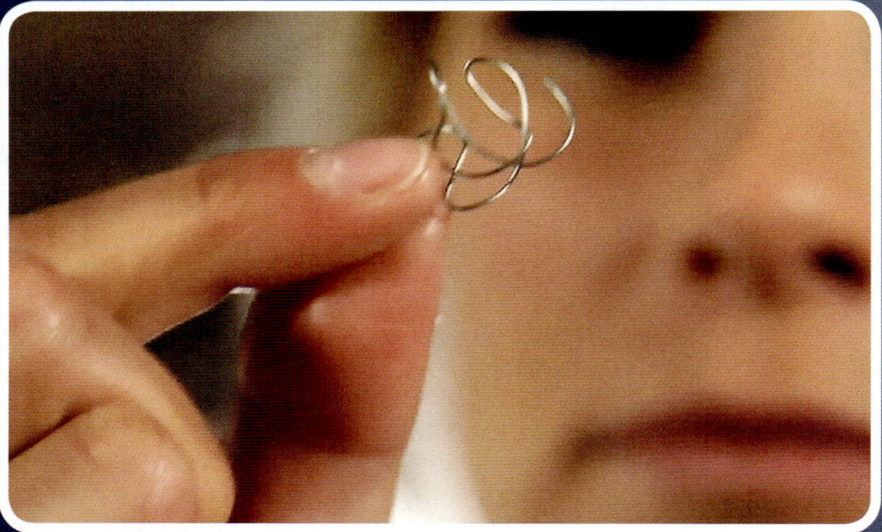

Eine Büroklammer aus Nickel und Titan hat ein ganz besonderes Gedächtnis. Man kann sie beliebig verbiegen …

… und mit heißem Wasser ploppen sie wieder in ihre ursprüngliche Form. Das nennt sich Formgedächtnislegierung.

Monsterball-Vulkan

Die Farbe verrät, dass die Nickelkugel zirka 850 Grad hat. Es schmilzt bei 1.500 Grad.

Die heiße Nickelkugel frisst sich durch die massive Süßigkeit wie durch Butter.

Laptop

Erstaunlich lange hält der alte Laptop dem Nickelblock stand. Da der Bildschirm mit einer Kunststoffschicht versiegelt ist, brennt dieser ab.

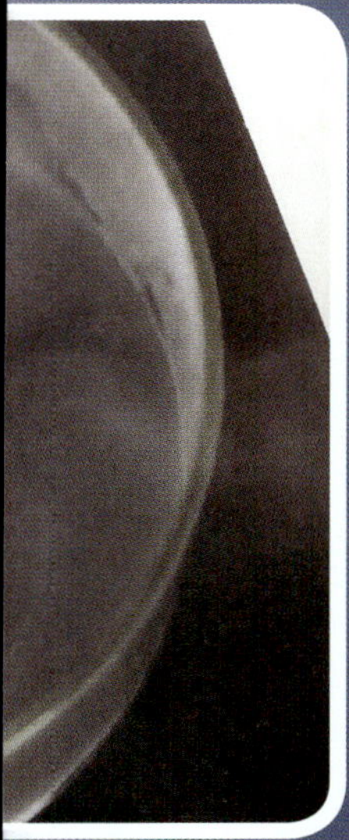

Wandelbares Schwermetall

Unzählige Videos mit Nickel kursieren im Internet. Dabei legt eine kleine Nickelkugel ganz schön zerstörerische Fähigkeiten zutage. Das Schwermetall ist silber-weiß glänzend und relativ korrosionsbeständig. Nickel hat eine verblüffende Eigenschaft: Es hat ein Gedächtnis. Wenn Nickel bei 500 Grad in einer Form geglüht wird, erinnert es sich für immer an die Form. In der Kälte kann diese dann verändert werden, wie z. B. eine verbogene Büroklammer. Ab einer Temperatur von 80 Grad nimmt das Material wieder seine ursprüngliche Form an. Nickel lässt sich mit einem Bunsenbrenner bis zu 850 Grad erhitzen. Mit dieser Temperatur frisst sich die Kugel locker durch Zucker durch. Denn Zucker schmilzt schon bei 160 Grad. Während er karamellisiert und sich zersetzt, entsteht der spektakuläre Monsterball-Vulkan. Außerdem noch nie dagewesen: Nickelblock verbrennt den Display eines Laptops. Wir produzieren ein neues faszinierendes Nickelvideo für die Nickel-Fangemeinde.

Zucker schmilzt bei 160 Grad. Dafür ist die Nickelkugel locker heiß genug.

Dr. Jens Walther und Reporterin Annica sind sich für kein verrücktes Experiment zu schade.

MIT VEREINTER

Kann es ein Erdbeben auslösen, wenn viele Menschen gleichzeitig springen?

Wir lassen 1.000 Berliner Schüler gleichzeitig von je einem Stuhl springen. Das Ergebnis rechnen wir dann auf eine Milliarde hoch. Leider klappt es nicht, dass alle gleichzeitig aufkommen. Dennoch zeigt unser Seismometer eine Erdbewegung an. Er ist sehr sensibel und reagiert bereits auf leichte Erdbewegungen. In seinem Inneren hängt ein Gewicht an einer Feder. Alles gerät in Schwingung, nur das Gewicht bleibt still. Durch die Bewegung zeichnet ein Stift Wellenlinien auf.

KRAFT

2. Versuch

Wir wollen die Sprungenergie auf einen Fleck bündeln. Die 1.000 Schüler wiegen zusammen 30 Tonnen. In einem Braunkohlerevier lassen wir von einem Kran das Gewicht auf den Boden fallen. Bei 20 Metern Höhe zeigt der Seismometer Stärke 1 an. Hochgerechnet auf eine Milliarde Menschen entspricht das einem Erdbeben der Stärke 4,5.

Ganz egal, wie stark wir springen, aus der Umlaufbahn können wir die Erde nicht bewegen. Das ist nur durch Einwirkung von außen möglich, etwa durch den Einschlag eines riesigen Meteoriten.

Das erschüttert uns

Wir wollen wissen, ob man Erdbeben durch große Erschütterung auslösen kann. Etwa, wenn eine Milliarde Menschen gleichzeitig auf die Erde springen. Reporter Harro und Erdbebenexperte Jürgen Schütte vom GeoForschungsZentrum Potsdam machen den Test mit 1.000 Schülerinnen und Schüler des Schliemann-Gymnasiums in Berlin. Wir lassen sie alle gleichzeitig von je einem Stuhl springen. Leider klappt das mit dem Synchronspringen nicht so gut, daher weichen wir in ein Braunkohle-Revier aus und lassen das Gesamtgewicht der 1.000 Schüler gebündelt auf einen Fleck fallen. Bei 20 Metern Fallhöhe messen wir mit einem Seismometer ein Beben der Stärke 1. Hochgerechnet auf eine Milliarde Menschen ergäbe das ein Erdbeben der Stärke 4,5 – eine deutliche Erschütterung, aber kein gefährliches Beben mit gravierenden Schäden. Auch ihre Umlaufbahn verlässt die Erde deshalb nicht. Das wäre nur durch einen Aufprall von außen möglich.

KAPITEL 08

GROSS, GRÖSSER, AM GRÖSSTEN

DIE EXPERIMENTE

ANALYSIS
SEARCH
SCANNING

ALLE AN BORD

Kann man aus Papier ein Boot bauen, in dem eine ganze Familie mitfahren kann?

Zwei Jungs und ein Traum: Ein Papierboot, das groß und stabil genug ist, um mit ihrer ganzen Familie einen Ausflug auf dem Wasser zu unternehmen.

Mit ein paar Knicks und Falzen kann jedes Kind ganz leicht ein Schiff bauen. Einfach nur gefaltet aus einem Blatt Papier. Geht das auch in XXL?!

Zunächst testet die Familie, wie viel Gewicht ein normales Papierboot mit 20 Zentimeter Länge tragen kann. Der kleine Frachter schafft drei Spielfiguren, bevor er sinkt – das sind stolze 40 Gramm.

24 x A4 Blätter

Das nächste Testmodell soll schon 2 Meter groß werden. Dafür klebt die Familie 24 Blatt Papier zusammen. Leider löst sich das Papier im Wasser auf. Der nächste Versuch: Pappe. Doch die bricht an den Falz-Kanten. Dann die Idee: Verbundkarton von Getränkepackungen. Der ist leicht, faltbar und dicht.

2.000 Packungen Fruchtsaft ...

... müsste die Familie für ein 10 Meter langes Boot austrinken. Eine Verpackungsfirma stellt das Material auch so zur Verfügung.

Papierboot XXL

Familie Teske hat einen Traum: Sie wollen ein Papierschiff bauen, in dem die ganze Familie fahren kann. Um die richtige Größe des Bootes zu errechnen, bauen sie zunächst ein Testmodell, um zu sehen, wie viel Gewicht ein Papierschiff tragen kann. Danach muss das Boot zehn Meter lang werden. Nun testen sie die Stabilität des Materials an einem weiteren Testmodell. Schnell ist klar, dass sich weder Papier noch Pappe eignen. Verbundkarton ist die optimale Lösung. Eine Verpackungsfirma sponsert 150 Quadratmeter. Die einzelnen Bahnen müssen jetzt noch zu einer großen Fläche verschweißt werden. Der ganze Segelclub der Teskes hilft mit. Nach nervenaufreibendem Falten und Aufrichten geht das Boot aufs Wasser – natürlich nicht ohne offizielle behördliche Genehmigung. Das Papierschiff schwimmt - mit der ganzen Familie an Bord. Ahoi!

10 Meter lang, drei Meter hoch, 60 Kilogramm schwer...

... muss das Papierschiff sein, in das die ganze Familie mit ihren 205 Kilogramm Gesamtgewicht passen soll. Dafür müssen sie 150 Quadratmeter Verbundkarton zu einer großen Fläche zusammenschweißen.

DER SONNE TROTZE

Mitten im Schneegebiet von Galtür auf 1.720 Meter steht der Riesen-Schneemann.

730 Kubikmeter Schnee müssen die Schneemannbauer zusammentragen. Feuchter Schnee eignet sich am besten zum Bauen.

Das weiße Baumaterial stammt aus Kunstschnee-Kanonen. 250 Hochdruckdüsen verwirbeln das Wasser zu feinem Nebel. Die Wassertropfen müssen so klein sein, dass sie gefrieren, bevor sie zu Boden fallen. Dafür muss die Außentemperatur idealerweise minus zehn Grad betragen.

Schaffen wir es, einen Schneemann so groß wie ein Mehrfamilienhaus zu bauen?

Bauzeit: 5 Tage
Höhe: 14 Meter
Breite: 8 Meter
Gewicht: 450 Tonnen
Nase: 1 Meter
Schal: 3 Meter
Arm: 4 Meter

Riesenschneemann

Der erste Aha-Moment wartet schon ganz zu Beginn des Experiments. Die beiden Schneemannbauer Stefan und Simon bauen den weißen Mann von oben nach unten. Denn hat der Schneemann erst mal seine endgültige Größe erreicht, kommt niemand mehr auf die Höhe hoch. Ihr Trick: Erst einen Schneeberg aufschütten und danach den Schneemann „herausschneiden". Die Arbeit ist nicht ungefährlich. Ein falscher Tritt und sie können drei Stockwerke in die Tiefe fallen. Schweres Geschütz unterstützt sie bei der Arbeit: Der sogenannte Schreitbagger kann wie ein Insekt alle Beine einzeln bewegen. So sind für ihn selbst Steigungen von 100 Prozent kein Problem. Am Ende ist der Schneemann so groß wie ein Mehrfamilienhaus. Und das Beste: Schmelzen tut er frühestens im Mai, erst dann hat die Sonne genug Kraft, die Schneemasse zum Schmelzen zu bringen.

Um den Schnee aufzuschütten, muss eine Pistenraupe mithelfen. Mit Muskelkraft ist es unmöglich, denn eine Kugel mit einem Kubikmeter feuchtem Altschnee kann bis zu einer halben Tonne wiegen.

HÖHER, SCHNELL WEITER

Wie weit kann man von einer Schaukel springen? Schafft man den Überschlag?

Fliegengewicht Elias springt glatte 4,30 Meter. Damit liegt er mehr als einen Meter vor den Konkurrenten. Er kennt den perfekten Absprungzeitpunkt. Der liegt bei 45 Grad.

Der Überschlag ist einfach so nicht zu schaffen. Höher als 90 Grad kommt keiner – egal mit welcher Technik und mit wie viel Schwung. Ab da wirkt das eigene Gewicht stärker als die Schwungkraft, die den Schaukelnden nach außen zieht. Die Aufhängung verliert die Spannung, und der Schwung geht verloren. Dadurch fällt die Schaukel dann wieder nach unten.

R,

Mit einer Spezial-Schaukel wollen wir der Schwerkraft entgegenwirken. Sie muss besonders stabil sein. Ein Grundbalken allein wiegt schon 600 Kilogramm. Außerdem muss sie auf einer völlig ebenen Fläche stehen, denn die kleinste Schräge würde eine Unwucht verursachen.

Beni fragt Galileo-Bastel-Experten Daniel. Der baut eine stabile Spezial-Schaukel mit schweren Eisenstangen statt Ketten, ähnlich einer Schiffsschaukel.

Einmal rundherum

Einmal mit der Schaukel einen Überschlag schaffen – ein Kindheitstraum. Unsere Testpersonen stellen sich zur Verfügung: der zehnjährige Elias, genannt Fliegengewicht, Stuntman Thomas und Amateur Beni, seit 20 Jahren dem Spielplatzalter entwachsen. Erste Disziplin: Weitsprung. Überraschungssieger: Elias. Er hat den perfekten Absprungzeitpunkt von zirka 45 Grad erwischt und schlägt die beiden Erwachsenen um einen ganzen Meter. Zweite Disziplin: Überschlag. Im ersten Anlauf schafft keiner mehr als 90 Grad. Mit einer normalen Schaukel klappt das nicht, das Eigengewicht stoppt den Schwung immer in der Waagerechten. Mit unserer Spezial-Schaukel jedoch gelingt das Kunststück. Zuletzt versuchen wir den Überschlag mit einem Raketenantrieb und einem Dummy. Der Antrieb schießt die Schaukel in die exakt richtige Umlaufbahn. Auf einer normalen Schaukel aber schafft das keiner.

Für den nötigen Antrieb der Schaukel sorgt ein Raketentriebwerk, das am Sitz montiert wird. Zum Testen muss ein Dummy ran – zu gefährlich. Die Rakete schießt die Schaukel in die genau richtige Bahn, der Dummy schafft so acht Umdrehungen.

SPIEGELEI DER SUPERLATIVE

Viele Handgriffe, viele Pfannen: Spiegeleier braten ist für Köche extrem nervig.

Das weltgrößte Spiegelei muss natürlich in einer sehr großen Pfanne gebraten werden. Drei Meter Durchmesser hat die Pfanne. Sie steht auf einem 60 Zentimeter hohen Gerüst. 40 Campingkocher sorgen für die nötige Hitze.

Kriegt Koch Bernd Arold alle seine Gäste mit dem größten Spiegelei der Welt satt?

600 Eier alle von Hand getrennt

600 Eier braucht Arold für sein Riesenspiegelei. Diese muss er, es geht nicht anders, alle von Hand aufschlagen. Sie werden in der heißen Pfanne wieder zusammengefügt. Ein Ring verhindert das Vermischen.

Ei, ei, ei

Für Köche ist es ein Albtraum, Spiegeleier zu braten. Koch Bernd Arold will deswegen das größte Spiegelei der Welt braten. So benötigt er nur eine Pfanne und versorgt damit einen ganzen Biergarten voll Menschen. Doch was für eine Pfanne das sein muss: 140 Kilogramm Stahl, eine Fläche von sieben Quadratmetern, Platz für 150 Steaks. Erste Hürde ist es, die Platten der Pfanne so zu verschrauben, dass sie sich bei Hitze nicht verziehen. Das klappt nur bedingt, deswegen wird mit Ölspray gearbeitet, das nicht durch die Ritzen laufen und die Campingkocher ausgießen kann. Doch die Temperatur ist nicht gleichmäßig und das Ei stockt verschieden schnell. Mit großer Rettungsaktion und einem kleinen Trick kann das Megaspiegelei gerettet werden: Das Eiweiß wird mit wenig Milch vermischt, so verteilt es sich besser.

Strauße legen die biologisch größten Eier. Bis zu zwei Kilogramm können die Eier schwer werden. Leider reicht das noch immer nicht für das größte Spiegelei der Welt.

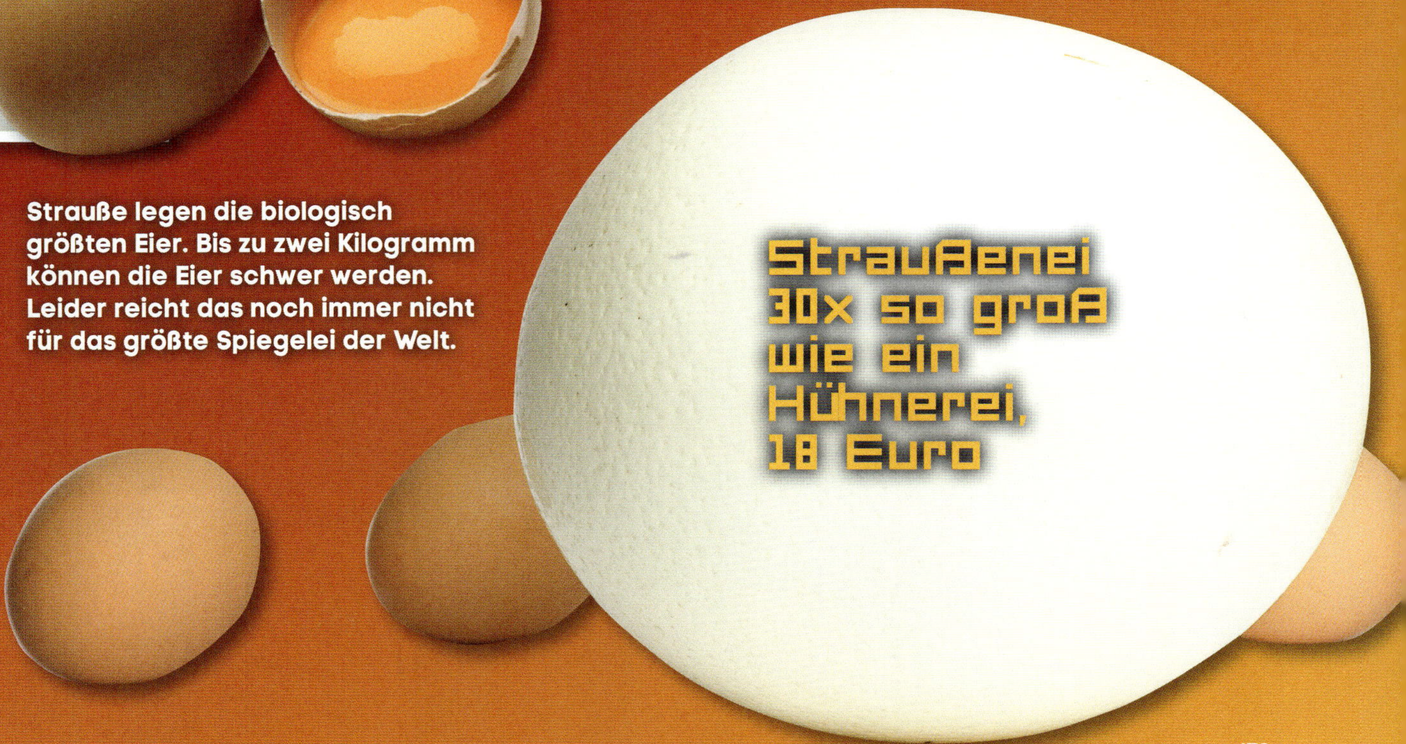

GROSS, GRÖSSER, AM GRÖSSTEN

EXPLOSIV

Schaffen wir den Mega-Knall mit dem größten Zündplättchen der Welt?

Unser Riesenzündplättchen ist über 100.000 Mal größer als ursprünglich und enthält ein halbes Kilogramm explosive Mischung.

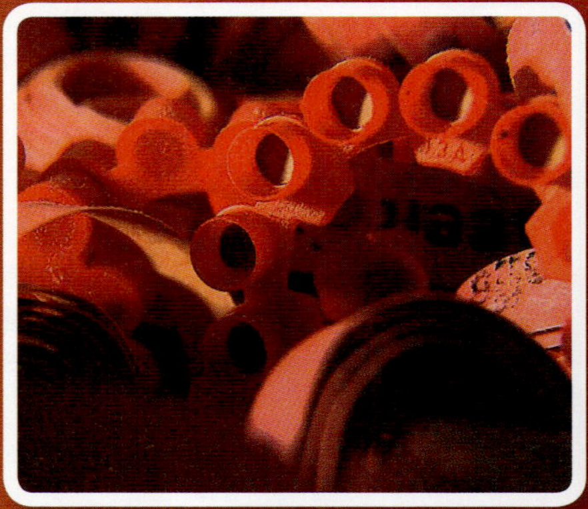

Zuerst probieren Reporterin Karlotta und Dr. Jens Walther mehrere Zündplättchen aneinanderzukleben.

Doch von knapp 90 explodieren nur zehn. Der Druck hat sich nicht gleichmäßig verteilt.

Gesucht und gefunden: Während Kaliumchlorat viel Sauerstoff gespeichert hat und den loswerden will, möchte roter Phosphor gerne eine Sauerstoff-Bindung eingehen.

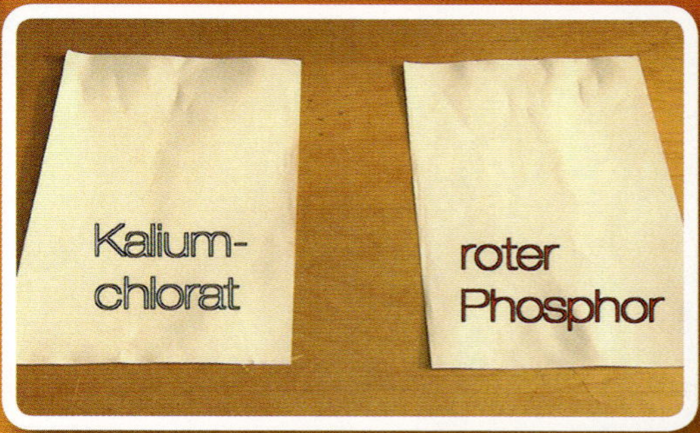

Chemiker Dr. Jens Walther und Reporterin Karlotta tasten sich zum größten Zündplättchen aller Zeiten vor.

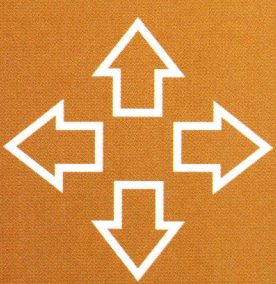

Wo der Zunder herkommt

Viele kennen das Zündplättchen vom Karneval. Dort steckt es in der Spielzeugpistole der verkleideten Cowboys. Die Idee geht zurück auf Mitte des 18. Jahrhunderts. Zu dieser Zeit gibt es Steinschlosswaffen, die mit Schwarzpulver gezündet werden. Das Pulver liegt lose und ungeschützt in einem kleinen Pfännchen. Ein Schlagbolzen mit Feuerstein entzündet das Schwarzpulver und das wiederum die Ladung. Umständlich und unzuverlässig – bei Regen oder Wind sind die Waffen kaum zu gebrauchen. Es braucht also ein neues Zündsystem. Der Durchbruch gelingt 1805 Alexander John Forsyth. Er füllt das Knallquecksilber in einen Flacon-ähnlichen Behälter, der über eine Drehvorrichtung etwas von dem hochempfindlichen Stoff in den Zündmechanismus der Waffe abgibt. Drei Jahre später kommt ein englischer Büchsenmacher auf die Idee, das Knallquecksilber zwischen zwei Papierstreifen aufzutragen. Das Zündplättchen ist erfunden. Auch wenn man heute natürlich kein hochgiftiges Knallquecksilber, sondern roten Phosphor und Kaliumchlorat verwendet.

Da die beiden Inhaltsstoffe, wie wir jetzt wissen, extrem brisant aufeinander reagieren, müssen wir sie getrennt aufbringen.

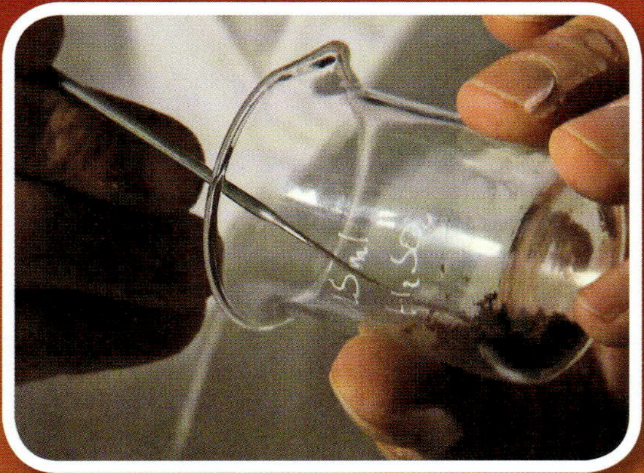

Zweite Idee: Den Chemiecocktail selber mischen. Pyrotechniker Wolfgang Stabe hilft uns dabei.

Ein 60 Kilogramm schweres Eisengewicht dient uns als Auslöser für das ein Meter große Zündplättchen.

EIN KINDERTR WIRD WAHR

Ganz nach dem Vorbild seines kleinen Bruders aus dem Kinderzimmer gebaut. 90 Meter Anlauf sind es bis zum 20 Meter hohen Loop – so hoch wie ein sechsstöckiges Haus! Allein vier Wochen hat es gedauert, um 125 Tonnen Stahl und Sperrholzplatten zu dem Looping zusammenzubauen.

Die Autos wurden extra für den Event designt. Einerseits waren die Leichtigkeit und Funktionalität und andererseits das authentische Design wichtig.

AUM

Gewinnen zwei Autos im größten Auto-Looping der Welt den Kampf gegen die Schwerkraft?

Es kann nur einer gewinnen: Die Fahrbahn ist so schmal, dass nicht zwei Autos gleichzeitig in den Looping fahren können. Wenn der eine merkt, dass er der Langsamere ist, muss er unbedingt abbremsen. Sonst wird es extrem gefährlich.

Sozusagen die Kirsche auf dem Nachtisch: Am Schluss absolvieren die Fahrer einen 25-Meter-Sprung.

Ein Traum in Orange

Mitten in der Skyline von Los Angeles ragt ein knalloranges Hochhaus in den Himmel. Moment, das ist ja ein Auto-Looping! So erging es unserem Reporter Felix, als er den Traum eines jeden Autofans erblickte. Der Riesen-Looping reißt die Fahrzeuge nach der Beschleunigung senkrecht nach oben. Dabei entsteht eine enorme Kraft von 7G. Das bedeutet, die Fahrer werden mit dem Siebenfachen des eigenen Körpergewichts in den Sitz gedrückt. Mit mindestens 85 km/h überwinden die Autos kopfüber die Schwerkraft. Das Ganze wäre nur der halbe Spaß, wenn es nicht ums Gewinnen ginge. Denn die Farbahn ist nur fünf Meter breit, es erreicht also nur ein Fahrer den Looping. Das grüne Team mit Greg Tracy besiegt das gelbe Team mit Fahrer Tanner Foust. Das Rennen ist nicht ohne. Beim einen Auto bricht im Looping aufgrund der Schwerkraft das Federbein. Um ein Haar fliegt es in das Auto dicht dahinter. Doch beide Fahrer schaffen es durch den Looping. Ein Sieger-Gefühl und realer Kindheitstraum für beide!

KAPITEL 09

ZUM NACHMACHEN

DIE EXPERIMENTE

- »» REGENBOGEN-BLUMEN / GEBOGENES WASSER
- »» VOLLE FAHRT DANK SPÜLI
- »» HIRNGESPINSTE
- »» QUELL DES LEBENS
- »» ZITRONE HAT SAFT

ANALYSIS
SEARCH
SCANNING

REGENBOGEN-BLUMEN

Wie zauberst du mit einem kleinen Trick weiße in farbige Blumen?

Farbige Blumen

Orchideen, Tulpen, Nelken: Die Natur spart nicht mit Farben. Aber warum eigentlich? Farbige Blüten locken Insekten an, die den Pflanzenpollen helfen ,sich zu verteilen. Die Farbe einer Blüte wird durch wenige Farbstoffe (Gelb, Rot, Blau) gebildet. Und die werden einfach immer neu kombiniert. Blütenfarben haben auch eine Bedeutung: Rot steht, wie könnte es anders sein, für die Liebe, Weiß für die Zartheit und Blau für Freundschaft. Stehen Blumen im Garten, brauchen sie besondere Nährstoffe, damit ihre Blüten nicht ausfärben. Deshalb sollen z. B. Hortensien einen Spezialdünger bekommen. Als es noch keine künstlichen Farben gab, dienten Pflanzenfarben zum Färben von Stoff.

DAS BRAUCHST DU:
ein paar weiße Blumen, am besten Nelken oder Tulpen, Lebensmittelfarben

Stell die Blume einfach in ein Glas mit Wasser, in das du vorher etwas Lebensmittelfarbe gegeben hast. Die Pflanze saugt das Wasser in die Blüte, wo es verdunstet. Die zurückbleibenden Farbteilchen färben die Blüte ein.

Warum ist das so?

Die Blumen saugen das Wasser nach oben, es verdunstet an der Oberfläche der Blütenblätter. Die Farbstoffe werden mit dem Wasser nach oben transportiert, lagern sich ab und färben die Blüte.

Wenn du den Stengel spaltest und jede Hälfte in ein Glas mit einer anderen Farbe stellst, erhältst du sogar zweifarbige Blüten.

GEBOGENES WASSER

Wetten, dass du einen Wasserstrahl biegen kannst, ohne ihn zu berühren?

DAS BRAUCHST DU: einen aufgeblasenen Luftballon und einen Wasserhahn

Reibe den Luftballon an einem Wollpullover oder einem Stück Synthetikstoff.

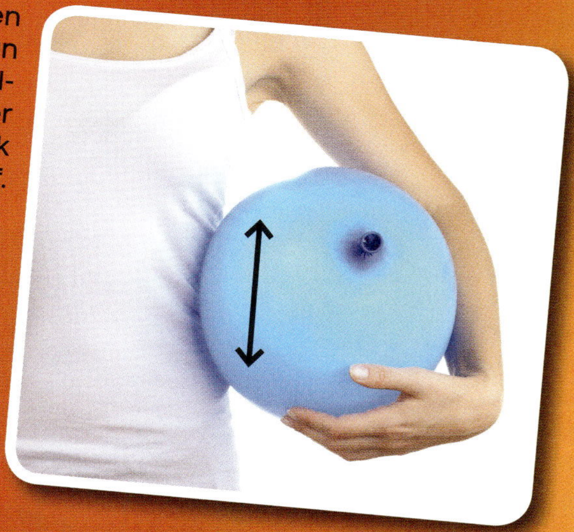

Spannung pur

Zwei Gründe gibt es, warum der Wasserstrahl zum Ballon gezogen wird: Zum einen ist der Ballon durch die Reibung am Stoff elektrostatisch mit negativen Teilchen aufgeladen. Dann gibt es noch die besondere Ladung der Wassermoleküle. Diese bestehen zunächst aus einem Sauerstoffmolekül mit einer negativen Teilladung und zwei Wasserstoffmolekülen mit je einer positiven Teilladung. Das nennt man in der Chemie Elektronenpaarbindung. Da nun die positiven Ladungskräfte bei den Wassermolekülen im Strahl überwiegen, wird dieser zum negativ aufgeladenen Ballon gezogen. Positiv und Negativ ziehen sich an.

Dann drehst du einen Wasserhahn leicht auf, bis ein dünner Strahl herausläuft. Wenn du jetzt den Ballon ganz nah an den Wasserhahn hältst, ohne ihn zu berühren, wird der Wasserstrahl zum Ballon hingezogen.

VOLLE FAHRT DANK

DAS BRAUCHST DU:
ein Blatt Karton, eine Schere, etwas Spülmittel, ein Waschbecken oder eine Schüssel mit Wasser

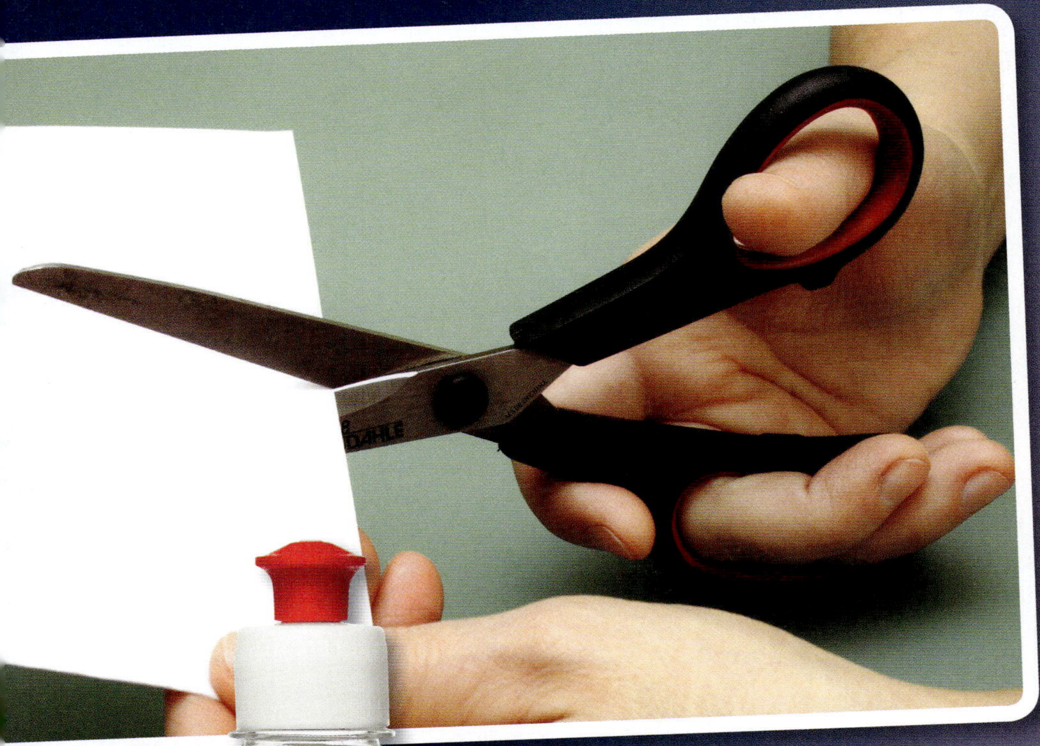

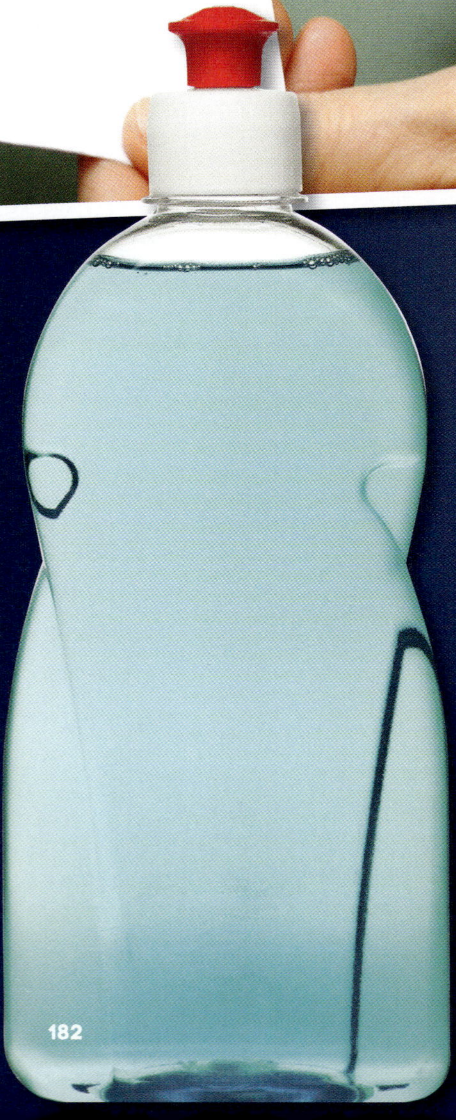

Schneide ein Boot wie auf der Zeichnung (rechts) aus festem Karton aus. Es muss nicht genau so aussehen, nur ungefähr. Setze es in eine Schüssel oder ein Waschbecken mit Wasser.

SPÜLI

Wie kann ich ein kleines selbstgebasteltes Boot mit etwas Spülmittel antreiben?

Von kleinen und großen Reisen

Wer sich zurückerinnert an die Zeit, in der man noch mit Spielzeug in der Badewanne geplanscht hat, der wird dieses Experiment lieben. Die Liebe und Verbundenheit zum Wasser treibt auch viele Erwachsene dazu, sich einen Kindheitstraum zu erfüllen: Einmal auf einem Floß leben. Gerade auf der Mecklenburgischen Seenplatte oder in Schweden erfreut sich das Reisen per Floß einer großen Beliebtheit. Es ist eine gemächliche Art zu reisen. Dabei wird die schwimmbare Unterlage jedoch nicht von Spülmittel angetrieben, sondern von Segel oder Motor.

Wenn du jetzt einen Tropfen Spülmittel in den hinteren Spalt gibst, schießt das Boot nach vorn.

Warum ist das so?

Das Spülmittel verringert die Oberflächenspannung des Wassers. Die Oberfläche reißt sozusagen auf und zieht das Boot mit sich.

HIRNGESPINSTE

Wie kann ich mich selbst überlisten und durch meine Hand hindurchsehen?

DAS BRAUCHST DU:
eine Papprolle, z. B. von einer leeren Küchenrolle

Halte die Röhre wie ein Fernrohr vor dein rechtes Auge und deine linke Hand am Ende der Röhre vor dein linkes Auge.

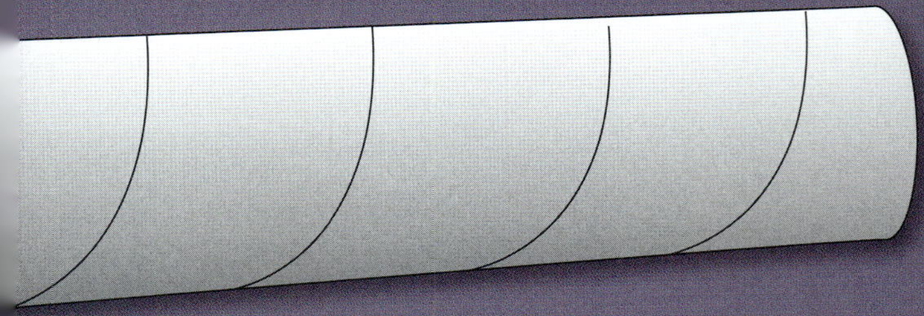

Subjektives Sehen

Dieses Experiment ist ein wunderschönes Beispiel dafür, dass nicht immer alles so ist, wie es scheint. Ein Loch in der Hand wäre normalerweise sehr schmerzhaft, doch mit diesem Trick überlisten wir unsere Wahrnehmung und können einmal im Leben durch unsere Hand gucken. Durch den Abstand zwischen unseren Augen haben das linke und das rechte Auge immer ein leicht anderes Bild der Umgebung. So kann das Gehirn räumliche Tiefe wahrnehmen und Entfernungen bestimmen. Im Alltag fällt uns das nicht auf, doch bei diesem Test zeigt sich, dass das Hirn die zwei Bilder zu einem Ganzen zusammensetzt. Wer zum Beispiel auf einem Auge blind ist, bei dem ist das räumliche Sehen eingeschränkt.

Wenn du die Röhre langsam nach links auf deine Hand zuschwenkst, sieht es aus, als habe sie ein Loch und du kannst hindurchsehen.

Warum ist das so?

Unser Gehirn fügt die beiden Bilder zu einem zusammen. Dadurch entsteht der Eindruck, dass wir ein Loch in der Hand haben.

QUELL DES

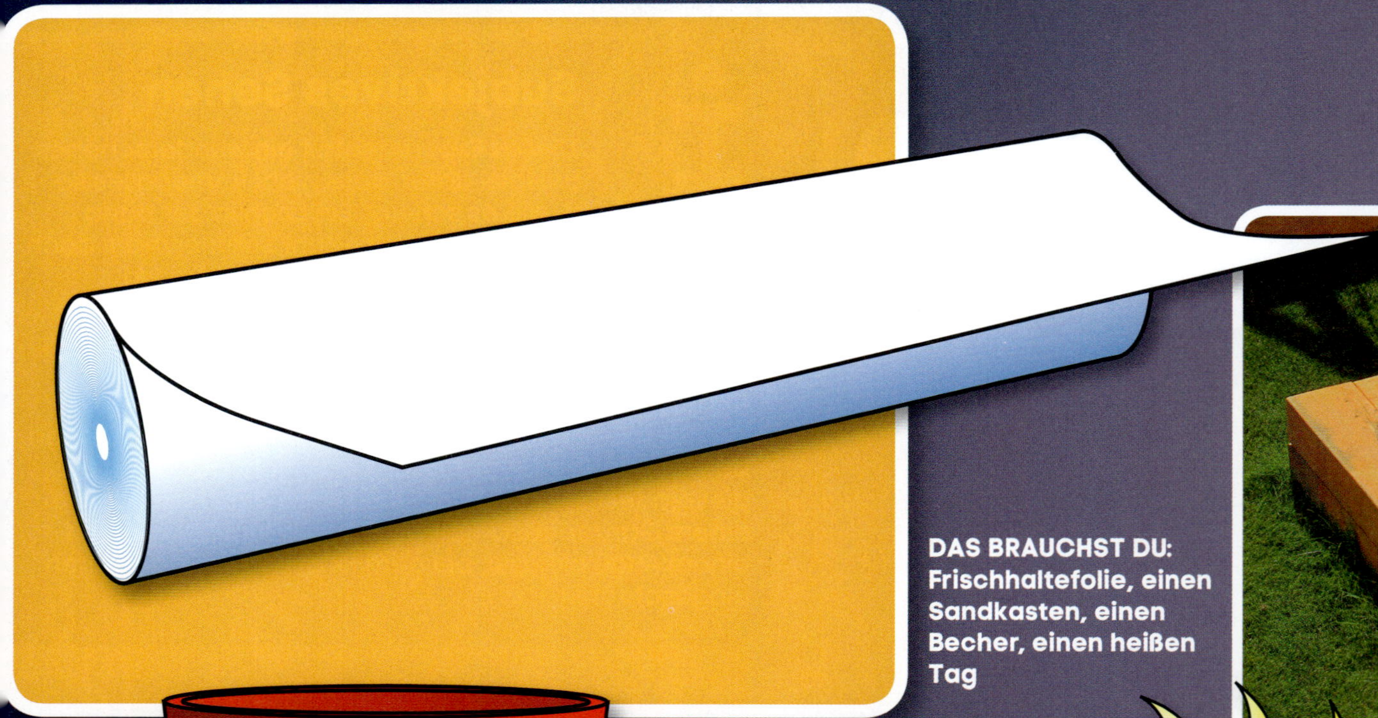

DAS BRAUCHST DU:
Frischhaltefolie, einen Sandkasten, einen Becher, einen heißen Tag

Grabe einfach an einem heißen, sonnigen Tag ein ungefähr 30 Zentimeter tiefes Loch in den Sand und stelle einen Becher hinein. Das Loch deckst du mit etwas Frischhaltefolie oder einem aufgeschnittenen Gefrierbeutel ab.

Am besten, du befestigst dieFolie mit ein paar Steinen oder Sand am Rand. In die Mitte, genau über den Becher, legst du ein kleines Steinchen, sodass die Folie etwas durchhängt.

LEBENS

Wie zauberst du mit nur wenigen Utensilien Wasser aus der Luft?

Überraschung: Nach nur ein paar Stunden ist Wasser im Becher.

Luft und Wasser Hand in Hand

Natürlich wünschen wir es niemandem. Aber was ist, wenn du dich einmal in der Wüste verirrst und kein Wasser hast? Dank diesem Experiment musst du nicht verdursten, wenn du nur etwas Frischhaltefolie und einen Becher hast. Natürlich musst du dich für das Experiment nicht erst in der Wüste verirren, ein Sandkasten reicht dafür völlig aus. Wasser ist wortwörtlich Lebensretter. Und oftmals geht es mit der Sonne Hand in Hand. In Ländern, wo der Zugang zu Trinkwasser beschränkt und oftmals mit langen Wegen verbunden ist, müssen andere Methoden her. Die wohl billigste, aber auch eine umstrittene Variante: Wer eine Plastikflasche zu Dreivierteln mit Wasser füllt , ordentlich schüttelt, dass sich das Wasser mit der Luft verbindet und sie sechs Stunden in der Sonne liegen lässt, soll Keime darin abtöten können. Die UV-Strahlen dringen in das Wasser ein und transformieren aus dem Sauerstoff Radikale. Diese töten mit der UV-Strahlung Bakterien ab.

Warum ist das so?

Die Feuchtigkeit im Sand kann durch die Folie nicht verdunsten. Es bilden sich Wassertropfen, die sich an der durchhängenden Folie sammeln und in den Becher fallen.

ZITRONE HAT

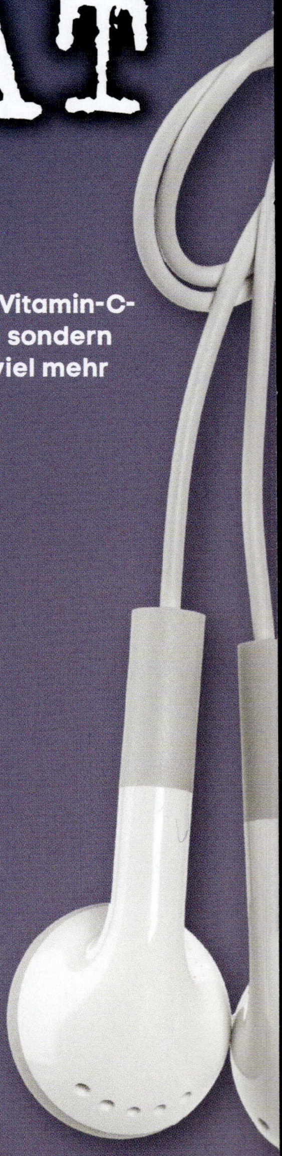

Nicht nur Vitamin-C-Lieferant, sondern noch für viel mehr nützlich.

DAS BRAUCHST DU:
eine Büroklammer aus Kupfer und eine aus Stahl oder zwei Drähte aus unterschiedlichem Metall, eine Zitrone, ein Kopfhörer

Stecke die beiden Drähte durch die Schale in das Fruchtfleisch der Zitrone. Sie sollten sich aber nicht berühren.

SAFT

Wusstest du, dass eine Zitrone auch eine Batterie sein kann?

Gib mir Saures

Ein wirklich unglaubliches Experiment, bis man es ausprobiert hat. Aus dem Saft einer Zitrone lässt sich nicht nur Limonade, sondern auch ausgezeichnet eine natürliche Batterie machen. Die Elektronen der stählernen und kupfernen Büroklammer tauschen durch den Zitronensaft Elektronen aus. Die Energie, welche die Zitrone so produziert, beträgt zirka 1, 5 Volt, das lässt sich mit einer AA-Batterie vergleichen. Ein sogenannter Multimeter (siehe unten) kann das messen.Die Zitronenbatterie funktioniert, bis alle Elektronen ausgetauscht sind. Danach beginnt sich die Struktur der Metalle zu zersetzen. Doch das Verrückte ist, dass sich mit einer externen Stromzufuhr die Zitronenbatterie wieder aufladen lässt. Das Experiment funktioniert übrigens auch mit anderen Lebensmitteln wie Äpfeln, Orangen oder sogar rohen Kartoffeln.

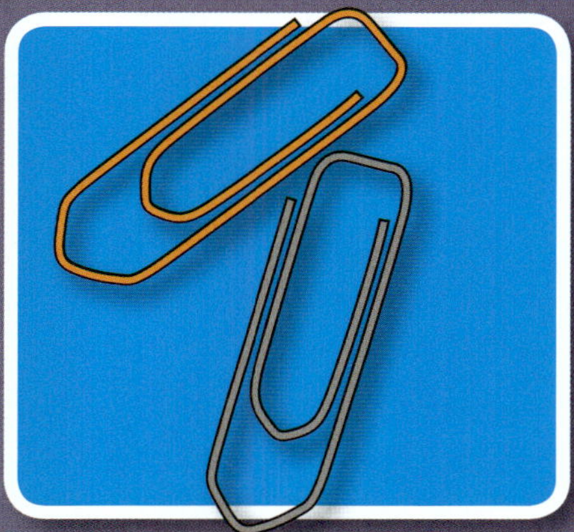

Biege eine Büroklammer aus Stahl und eine aus Kupfer auseinander, sodass du zwei gerade Drähte hast.

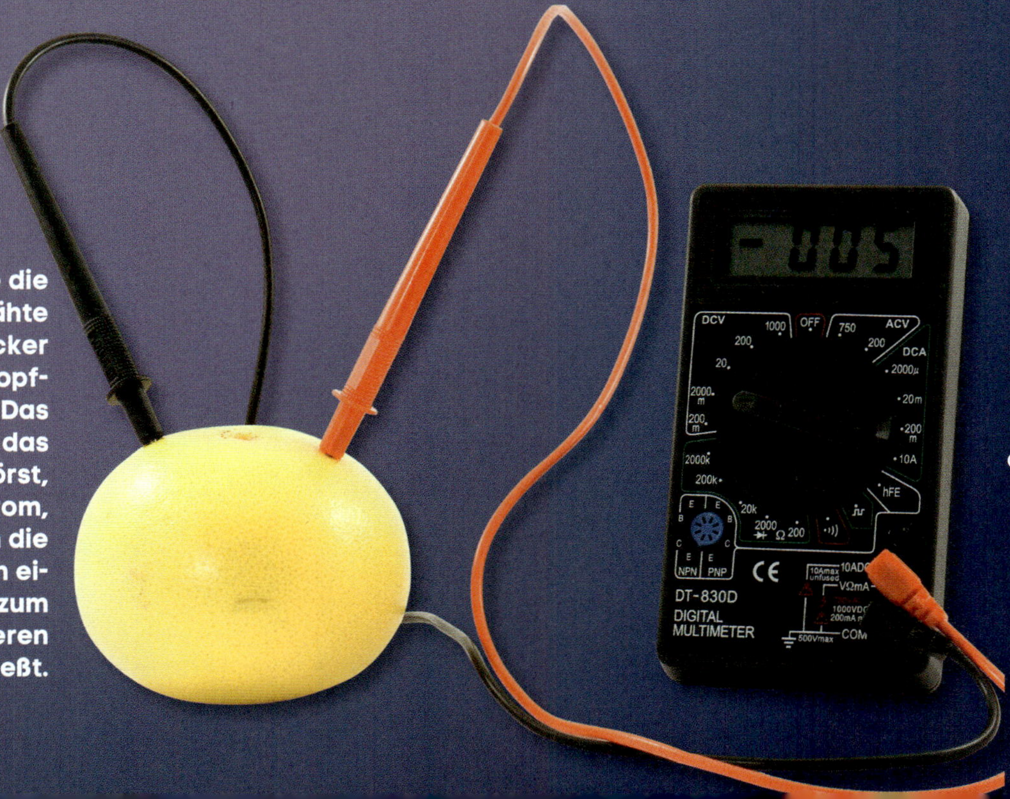

Nun halte die beiden Drähte an den Stecker deines Kopfhörers. Das Knistern, das du dabei hörst, ist der Strom, der durch die Zitrone von einem Draht zum anderen fließt.

Warum ist das so?

Elektronen der unterschiedlichen Metallteilchen wandern durch die Zitronensäure wie in einer Batterie und bringen den Strom zum Fließen.

BILDNACHWEISE

UMSCHLAG
Pro Sieben (7), Shutterstock (Zeber, Gualtiero Boffi, Igor Stevanovic, Alexandru Nika, Balgnta Evgeniya, Uz Foto)

SCHMUTZTITEL
Shutterstock (Zeber)

IMPRESSUM 2/3
Shutterstock (agsandrew)

VORWORT 4/5
Shutterstock (agsandrew)

INHALT 6/9
Shutterstock (Zeber)

TRENNERSEITEN
Shutterstock (Sergey Nivens)

ALLTÄGLICHAUSSERGEWÖHNLICH

DIE GEFAHR LAUERT IN DER SCHÜSSEL 12/13
Wie die Toilette zu deinem Feind werden kann
Pro Sieben (5)

VOLLE FÖHN-POWER 14/15
Mit 40 Föhns auf dem Wasser schippern
iStock (esseffe), Pro Sieben (4)

KUGELWESTE FROTTEETUCH 16/17
Was kann ein Frotteetuch ab?
iStock (magone), Pro Sieben (4)

UNTER STROM GESETZT 18/19
So ein Weidenzaun der zwickt
iStock (GooDween123, gemenacom), Shutterstock (William Perugini, Donemo, Mihai Simonia, Dragon Images, Lia Koltyrima, Alona_S)

ÜBER DEN WOLKEN 20/21
Papierflieger aus 30 Kilometer Höhe
Pro Sieben (7)

SCHNELL DURCH DIE GROSSSTADT 22/23
Parcour, Auto, Fahrrad, ÖV im Rennen
iStock (PinkBadger, iS_ImageSource, Bene-Images, FooFToo, DorthArt), Shutterstock (VoodooDot, Dmitry Kamimsky)

DIE GROSSE KETCHUPFRAGE 24/25
Wie kriegt man die Soße am schnellsten raus?
iStock (Gmvozd, Picsfive, Grafner, Kararder, agrobacter), Shutterstock (VoodooDot, Oliver Hoffmann, Bon Appetit)

ICH WOLLTE DOCH NUR SCHLAFEN … 26/27
Eine Matratze im Extremtest
iStock (Schulzie), Pro Sieben (5)

AM SEIDENEN SEIL 28/29
Das stärkste Seil der Welt im Test
Pro Sieben (10)

BELASTUNG IM ALLTAG 30/31
Haare und Papier sind hart im Nehmen
Shutterstock (Zdenka Dorula, Tarasyuk, Igor), iStock (TheCrimsonMonkey, Sasha Radosavljevic, Nata_VKusiden, Nimus, Germano Poli)

MAL WIEDER STAU 32/33
Tricks für die Stauumfahrung im Vergleich
Shutterstock (Iakov Filimonor, eskay, Rattasak Pinkaer, kikovic, Eiraisla), iStock (Hykoe)

MIT 100 SACHEN BERGAB 34/35
Ein Auto lernt Skifahren
Shutterstock (Baloncici, my norctic, Comaniciu Dan), iStock (Rawpixel Ltd. Borut Tretima, freesylephoto)

HAUTNAH DRAN

VOLL AUF DEN AFFEN GEKOMMEN 38/39
Harro wird zum Gorilla
Pro Sieben (9)

HASTA LA VISTA, ARNIE 40/41
Das Doppelgänger-Experiment
Pro Sieben (7)

GIBT ES AIMAN ZWEI MAL? 42/43
Wer ist Moderator Aimans Double?
Pro Sieben (6)

EGGSPERIMENT 44/45
Wie Menschen Eier ausbrüten können
iStock (FittippaBacci, Tuned-in), Shutterstock (Arima P Habich, wavebreakmedia, into, Tongsai)

DER GLÄSERNE MENSCH 46/47
Thilo im Glascontainer
Pro Sieben (6)

ZURÜCK IN DIE STEINZEIT 48/49
Archäologen in der Vergangenheit
Pro Sieben (7)

UND NUN ALLES ZUSAMMEN! 50/51
Multitasking extrem
Pro Sieben (5)

VERSCHLEIERT FÜR EINEN TAG 52/53
Wie lebt es sich in einer Burka?
Pro Sieben (5), Shutterstock (Sunshine Art)

DICK SEIN IST ´NE QUAL 54/55
Der Selbsttest Übergewicht
Shutterstock (Ollyn'4, Monkey Business Images)

10 TAGE IM SCHLARAFFENLAND? 56/57
Nur Süßigkeiten: Traum oder Albtraum?
Pro Sieben (8)

KEINE ANGST VOR DER TODESZONE 58/59
Behält Reporter Harro die Nerven beim Fall aus zehn Kilometern Höhe?
Pro Sieben (9)

WAS STINKT HIER SO? 60/61
Wie lange hält Reporter Johannes es aus, sich nicht zu waschen?
Pro Sieben (6)

STÄHLERNE GEGNER

DON´T STOP THE ACTION 64/65
Nonstop Achterbahn fahren
Pro Sieben (9), Shutterstock (Brian Kimney)

XXS ZIEHT XXL 66/67
150 Miniaturloks gegen den großen Bruder
iStock (Leonid Andronov) Shutterstock (Steve Mann, Serhii Yushkov, Roman Vnkolov, Cherezoff)

CAMPING FÜR DIE GROSSFAMILIE 68/69
Wie viele Wohnwagen können wir ziehen?

BILDNACHWEISE

HOUSTON, WIR HABEN EINEN STUHL 128/129
Ein Stuhl wagt sich ins All
Pro Sieben (8)

TISCHLEIN DECK DICH AB 130/131
Tischtuch unter Gedeck wegziehen
iStock (Jondpatton, #169 Andreas Weber, Aleksandar Ljesic, breckeni, CristiNistor), Shutterstock (Zerbor, Samuel Cohen, Pelikh Alexey)

GIGANTISCHE RAUCHRINGE 132/133
Die Weitschiess-Rauchkanone
Pro Sieben (8)

DIE RESONANZ-KATASTROPHE 134/135
Phänomen Absturz-Helikopter
Pro Sieben (5)

WIE EIN GUMMIBALL 136/137
Seilhüpfen mit Karre
Shutterstock (Suzanne Tucker (2), M181, Sergey Novikov, Oleg Doroshin)

SCHUTZBRILLEN AUF!

LIGHT IST LEICHT 140/141
Auf der Waage mit Cola & Cola light
iStock (Daniya Meinikova, ajafoto), Shutterstock (Chones, Coprid)

SPEZIELLE SPRITZFAHRT 142/143
Ein Trabi fährt mit Kohlensäure
Pro Sieben (6)

BILLARD-KANONE 144/145
Bahn frei für Kohlensäure-Kanone
Pro Sieben (4), Shutterstock (Zivani, Sutham)

DAS PAPIERWUNDER 146-149
Was Papier so alles kann ...
iStock (Emrah Turudu, koya 79 (2), venakr), Shutterstock (Vaclar Volrab, nacroba, goir, David Orcea, Atlantis Image, charnsitr, Ljupco Smokovski, Denis Churin, master1305, nitinut380)

UNLÖSCHBARES THERMIT 150/151
Wasser, Eis und Stickstoff probieren es
iStock (sturti, gmalandra, mycteria, Sjoerd van der Wal), Shutterstock (Phil McDonald, Forance, Michael Zdunial (2), Mps197, Prath)

BANANE AUS GLAS 152/153
Schockfrieren deluxe
Pro Sieben (5)

HIGHSPEED PINGPONG 154/155
Pingpong-Bälle hoch hinaus
Pro Sieben (6), Shutterstock (Dots777, Pichitbo)

KLEINE HAKEN, GROSSE WIRKUNG 7 156/15
Klettverschluss kann so einiges
Pro Sieben (11)

DROGEN-RAZZIA BEIM BÄCKER 158/159
Mohn, die Unschuld vom Lande
Fotolia (1), iStock (annedde, Don Bayley, Letterberry), Fotolia (Björn Wylezich), Shutterstock (Pavel Vakhrushev, mattomedia Werbeagentur, Sea Wave)

ZAUBERMETALL NICKEL 160/161
Die unzähligen Fähigkeiten des Metalls
Pro Sieben (7)

MIT VEREINTER KRAFT 162/163
Erdbeben durch Springen?
iStock (gbh007, Roman_Gorielov, nadimir meinikov, Proxyminder), Shutterstock (revers, Cico, arka38, Aphelleon, YolLusZam1802, Vadim Sadovski, Lukassek)

GROSS, GRÖSSER, AM GRÖSSTEN

ALLE AN BORD 166/167
Papierschiff für die ganze Familie
iStock (Winterting, burak pekakcan, shingopix, Tempura, Kbrillis, Brendan Hunter, NoDerog, deepblue4you, shepecharge), Shutterstock (Soloviova Liudmyla)

DER SONNE TROTZEN 168/169
Schneemann als Riese
iStock (Linda Yolanda, Sjoerd van der Wal, malerapaso, jojoph, oksix), Shutterstock (Leonid Ikan, Damian Gretka)

HÖHER, SCHNELLER, WEITER 170/171
Schaukeln extrem
iStock (Robert Dant, eyetoeyePIX, Martime Doucet), Shutterstock (rootstock, alvant)

SPIEGELEI DER SUPERLATIVE 172/173
Spiegelei für den ganzen Biergarten
iStock (#169 Jovan Nicolic, Michael Gray, Good Life Studio, Kaan Ates), Shutterstock (harmpeti, seree, Babyboom)

EXPLOSIV 174/175
Zündplättchen XXL
Pro Sieben (9)

EIN KINDERTRAUM WIRD WAHR 176/177
Auto-Looping über mehrere Stockwerke
Pro Sieben (7)

ZUM NACHMACHEN

REGENBOGEN-BLUMEN 180/181
So werden Blumen farbig
Pro Sieben (3), Shutterstock (jcjgphotography, Jaroslavav, Anna Maloverjan,)

GEBOGENES WASSER 180/181
Von Zauberhand Wasser biegen
Pro Sieben (1), Shutterstock (Science Photo, Africa Studio, Chones)

VOLLE FAHRT DANK SPÜLI 182/183
Papierschiff mit Spüli antreiben
Pro Sieben (1), Shutterstock (Einar Muoni, Nevodka (2), Reeree Khaosan)

HIRNGESPINSTE 184/185
Eine Kartonrolle stört die Realität
Pro Sieben (2), Shutterstock (Blend Images)

QUELL DES LEBENS 186/187
Wasser aus der Luft zaubern
Pro Sieben (4), Shutterstock (Philipp1983)

ZITRONE HAT SAFT 188/189
Vitamin-C-Spender als Batterie
Pro Sieben (2) ,Shutterstock (Dino Osmic, Alexeysun, Malgorzata Smigielska)

BILDNACHWEIS 190-192
Shutterstock (Zeber)